# バルト三国のアールヌーヴォー建築
## ＋オーレスン

小谷匡宏
Tadahiro Odani

リーブル出版

バルト三国のアールヌーヴォー建築……建築家・隈研吾……4
はじめに……6

## 1 ラトビア・リガ

・ハインリッヒ・カール・シェール／フリードリッヒ・シェッフェル……10
・フリードリッヒ・シェッフェル……20
・コンスタンティン・ペークシェン／エイジェン・ラウベ……24
・コンスタンティン・ペークシェン……32
・エイジェン・ラウベ……44
・ジャニス・アルクスニス……56
・ミハイル・エイゼンシュタイン……64
・ポール・マンデルスタム……92
・アレクサンダー・シュメーリング……96
・ヴィルヘルム・ルートヴィヒ・ニコライ・ボックスラフ……100
・アレクサンドル・ヴァナグス……104
・ヘルマン・ヒルビッヒ……108
・ルドルフ・ジルクヴィッツ……110
・アーネスト・ポリス……112
・オーガスト・マルヴェス……114
・マックス・フォン・オスミドフ……115
・ルドルフ・フィリップ・ドンバーグ……116
・ヘルマン・オーガスト・ハルトマン……118
・カール・ヨハン・フェルスコ……120
・ヤーニス・ガイリス……121
・オーガスト・ラインベルグ……122
・その他の作品……124
・リガになぜこれほど多くのアールヌーヴォー建築が存在するのか……138

## 2 リトアニア・ヴィリニュス

・リトアニア・ヴィリニュスのアールヌーヴォー建築……144

## 3 エストニア

・ジャック・ローゼンバウム……154
・エストニア・ドラマ劇場……160
・その他のアールヌーヴォー建築……162
・パルヌのアールヌーヴォー建築……165

## 4　附録・オーレスン


・オーレスン（ノルウェー）　Ålesund……166
・ハグバルト・シッテ・ベルグ……168
・オーレスンの街並……188
・アールヌーヴォーのお墓（オーレスン）……190


## 5　旅の記憶


・旅の記憶1　「リガ」1回目（2001）……192
・旅の記憶2　「リガ」2回目（2023）……194
・旅の記憶3　オーレスン（ノルウェー）……196
・旅の記憶4　ガイランゲル・フィヨルド……198

あとがき……218
プロフィール……219


## 6　鷹野律子のタイルワールド


・用語の説明……202
・マラッカとシンガポールのマジョリカタイル……203
・マラッカのアールヌーヴォータイル……204
・シンガポールのアールヌーヴォータイル……210


## コラム


・命のビザ・杉原千畝……55
・十字架の丘リトアニア・シャウレイ……150
・オットーワーグナーのマジョリカハウスの外壁タイルの考察……216

# バルト三国のアールヌーヴォー建築

建築家・隈 研吾

小谷さんとは若い頃ニューヨークで出会った。
その頃の小谷さんは、設計の傍らふるさと高知の古い建物を調べており洋館編、民家編と2冊の本を執筆し、洋館編の序文を書く機会に恵まれた。
その後の彼は、そのエネルギーを海外に向け、アールヌーヴォー建築の渉猟に明け暮れ既に5冊のアールヌーヴォー建築本を出版している。
この本は、バルト海に面したリガやノルウェー海のオーレスンというそれほど大きくない街に数多くのアールヌーヴォー建築が存在する理由を解き明かす目的で生まれたと聞いている。
その目的は達成されたようだが、特にリガにおいて、著名なエイゼンシュタイン以外の建築家を主として取り上げているが、結果は逆にエイゼンシュタインのデザイン力が証明されているようで面白い。
また、巻末に今まで知られていないアールヌーヴォー・マジョリカタイルが取り上げられていることも興味深い。

若き日の隈さん　左:筆者

梼原にて寛ぐ隈さん　真ん中は矢野前町長

# はじめに

PREFACE

アールヌーヴォー建築に目覚めて、初めてウィーンの地を踏んでからはや37年になる。

世界の情報を集めて現地に足を運び、自分の手で写真を撮った。

それらを整理して、初めて『アールヌーヴォーの残照』として出版したのが2017年11月。

以来『ハプスブルク帝国のアールヌーヴォー建築』『一度は行きたい幻想建築』『失われたアールヌーヴォー建築』『アールヌーヴォー建築　建築家の自邸BEST50』と5冊の本を出した。

その中で心にひっかかる都市があった。ラトビアのリガとノルウェーのオーレスンである。

リガには約800の、オーレスンには約600のアールヌーヴォー建築がある。

これらはブダペストの989に次いで世界の2位と3位のアールヌーヴォー建築保有数である。

しかし、これまでの私の出版の中では扱いが少なかった。理由としては数は多いが、他の都市に比べてデザインがシンプルではないかと思っていた。
２０２３年6月に4年ぶりの海外旅行でリガに行くことができ、本当に８００あることが確認できた。しかも現地で新しい資料が手に入り、たった2日だがじっくり建物を見るとエイゼンシュタインのみならず、多くの建築家がデザインを凝らし、工夫していることが感じられた。
またオーレスンについてもアルバムを再見するとナショナルロマンティシズムを中心に多くの作品があり、目からウロコが落ちる思いがした。
というわけで、初めて行った時にほとんど見つけられなかったリトアニアのヴィリニュス、エストニアのタリンにも少なからず作品を発見できたので、これらをまとめて出版することになった。
さらに２０２３年7月のハンガリー大使館文化センターでの講演会で知己を得た大阪府箕面市のタイル研究家・鷹野律子さんのコレクションを同時に公開することができた。特にマラッカ、シンガポールのアールヌーヴォータイルは今までの世界のどの文献にも載っていない（と思われる）大発見で、これを紹介できたことはとても喜ばしく、世界のアールヌーヴォー史にさらに貢献できるものと思っている。

小谷 匡宏

# リガの歩き方

リガに着いたら一番にアルベルタ街のユーゲントシュティル博物館に行ってみてください。『アールヌーヴォービルディングリガ』という本があります。

建物を地域別に分け、地図付で建物、建築家などの情報がオールカラーで載っています。500頁ほどあって、少し重いですが、とても有益な本です。

建物の玄関はいつも閉まっていますが、インターホンを鳴らすと開けてくれます。（入館有料）

# ラトビア・リガの
# アールヌーヴォー建築

## ハインリッヒ・カール・シェール
**１８２９～１９０９　Heinrich Karl Scheel**

## フリードリッヒ・シェッフェル
**１８６５～１９１３　Friedrich Scheffel**

シェールは１８２９年生まれ。オットー・ワーグナーの１８４１年、レヒネル・エデンの１８４５年、ルイス・ドメネクの１８５０年、ガウディの１８５２年、アールヌーヴォーの祖とうたわれるウィリアム・モリスの１８３４年に比べてもっとも早いアールヌーヴォー作家である。

ドイツ、ハンブルクに生まれた彼はロシアに赴き、１８５１年サンクト・ペテルブルグの帝国芸術アカデミーを卒業。１８５３年からリガで働き始める。独立年は不明だが19世紀後半、ラトビアに数十件の集合住宅、教会などを設計する。

彼のスタイルはネオゴシックやネオルネッサンスであったが、１９００年に若いフリードリッヒ・シェッフェルが入社して作品のスタイルが一変する。そのスタイルとはフランスやベルギーで流行していたアールヌーヴォー様式であった。二人の共働は１９０４年まで続き、歴史に残る重要な作品を次々と発表する。二人はよほど相性がよかったとみえて、作品はドラマチックでかつ装飾に満ちていた。

**（※資料によるとシェールによるアールヌーヴォー作品はすべてシェッフェルとの共作である）**

シェッフェルが去ったあとシェールは１９０９年に死去する。

スミルス通り8のアパートとレストラン　1902
Smilšu iela 8

アパートのロビーの壁絵

レストラン玄関上の女性像

トリビューン上の女神像

アパート　メインエントランス上のレリーフ

ロビーのフレスコ画

スミルス通り8のアパート　ロビーのフレスコ画　1902　シェール&シェッフェル

シェールとシェッフェル共作のシュクジュ通りのアパート（この頁）とティルゴジ通りのアパート（16頁）は2年違いで建てられ、それぞれ違う通りに面していて、ファサードのデザインもまったく違うものだが、図面のように二つの建物はつながっていて、同一建物である。

実はリガの町は通りから見ると敷地は整形に見えるが、実際は裏の方に変則に拡がっている場合が多い。間口が狭い建物が中に入ると大変大きな建物だったりする。都市の成立過程からそうなっているようだが、筆者はまだ理由をしらない。

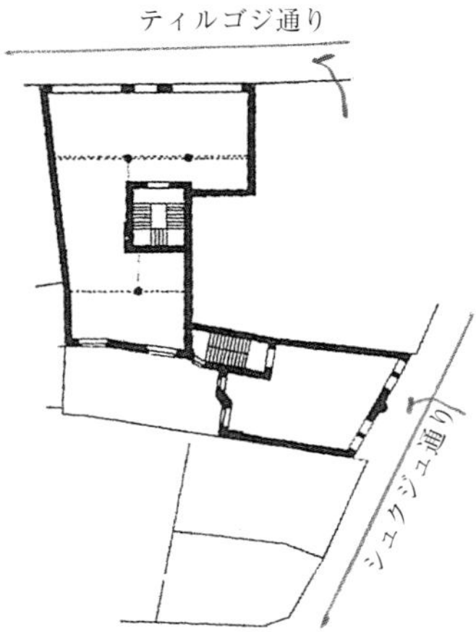

シュクジュ通りのアパート　1902　Šķūņu iela　二人の共作によるもっともアールヌーヴォーらしい作品

シュクジュ通りのアパート

2023年撮影

2001年撮影

ティルゴジ通り4のアパートとレストラン　1900　Tirgoņu iela 4
この建物は前の頁のアパートと裏の方で変則につながっている

1階のレストラン　ファサード

テアトラ通り9のアパート　1904　Teātra iela 9

アルベルタ通り1のアパート　1901　Alberta iela 1

クリシュジャ・
ヴァルデマラ通り23の
アパート
1901
Krišjāņa Valdemāra iela 23

ガートルード通り10/12のアパート　1902　シェール＆シェッフェル

ガートルード通り10/12のアパート　全景　1902　Ģertrūdes iela 10/12

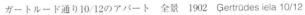

柱の彫刻

窓飾詳細

エントランス詳細

# フリードリッヒ・シェッフェル

1865〜1913　Friedrich Scheffel

シェッフェルはドイツのエルデにある建築学校に学び1899年サンクト・ペテルブルグ内務省の建設技術委員会から建築実務の許可を取得。その後1900年にシェールの事務所に入り、1904年までシェールと協働する。二人のデザインは西洋に負けない深みのあるアールヌーヴォースタイルであり、エイゼンシュタインばかりが有名なリガにあって、互いに双璧ともいえる珠玉の美しさをもっている。

シェッフェルが去ったあと、シェールは1909年に死去。独立したシェッフェルはいくつかの作品を残しているが、なぜかそれまでの輝きを失ったようにもみえる。

シェールとシェッフェルの相性がよく総合力が発揮されたのではないだろうか。

猫の家　1909　シェッフェル単独　Meistaru iela 10

シェッフェルは1913年、シェールの後を追うようにこの世に別れをつげた。

エントランス詳細

孔雀の壁飾り

ブリビバス通り93のアパート　1908　Brīvības iela 93

ペントハウスの詳細

ペントハウスの詳細

ブラウマナ通り12のアパート　1908

バズニーカス通り5のアパート　1907　Baznīcas iela 5

エントランス

## コンスタンティン・ペークシェン
1859~1928 Konstantīns Pēkšēns

## エイジェン・ラウベ
1880~1967 Eižens Laube

コンスタンティン・ペークシェンとエイジェン・ラウベの共作とされる建築が5作記録されている。1901年から1907年にかけて建築されたいずれも集合住宅である。1859年生まれのペークシェンはすでに高名な建築家として名をなしていたが、その作風はご多聞にもれずゴシックや古典を引用したものだった。しかし1902年に発表したスミルス通り2番地の集合住宅によって、あでやかなユーゲントシュティルに変身して注目されていた。

翌年から1907年にかけてラウベの協力を得て秀作を次々と発表する。油の乗り切ったペークシェンに対し、ラウベは何とリガ工科大学の学生だった。二人は新しい様式に共鳴し、互いの才能を高め合った。

シェールとシェッフェルの師弟がそうであったように、この二人も世界に通用するユーゲントシュティル建築をリガに打ち立てた。

その後、大学を卒業したラウベはペークシェンのもとを去り、自らの事務所を開き活躍するがその後の作品ももちろん素晴らしいが、二人で作った5つの作品はロマンに溢れ、いまだに人々を魅了する。

ユーゲントシュティル美術館 1903
ペークシェン&ラウベ Alberta iela 12

# ユーゲントシュティル美術館

この建物はペークシェン自らが施主となり、建築したもので、当然所有者もペークシェンだった。
エイゼンシュタイン設計の有名建築が建ち並ぶアルベルタ通りのはじっこに建つこの建物はコーナーに尖塔を持ち、その後ろに一際高い塔を持っている。実はペークシェンはリガで初めて建築のコーナーに尖塔を建てた人として知られ、以後その種類の建物が多くみられるようになった。
内部に入ると吹抜けの螺旋階段が驚くほど美しく、訪れるものを圧倒する。1階の部屋はすべてユーゲントシュティル様式で丁寧に設計されており、見学者を楽しませてくれる。

ユーゲントシュティル美術館
玄関ホール　天井

ユーゲントシュティル美術館　階段見上げ

# ユーゲントシュティル美術館
# 1階インテリア

リビングルーム
インテリア

リビングルーム
天井

ダイニングルーム

暖炉の部屋

暖炉の部屋

ダイニングルーム

アレクサンドラ・チャカ通り26のアパート　ペークシェン&ラウベ　Aleksandra Čaka iela 26

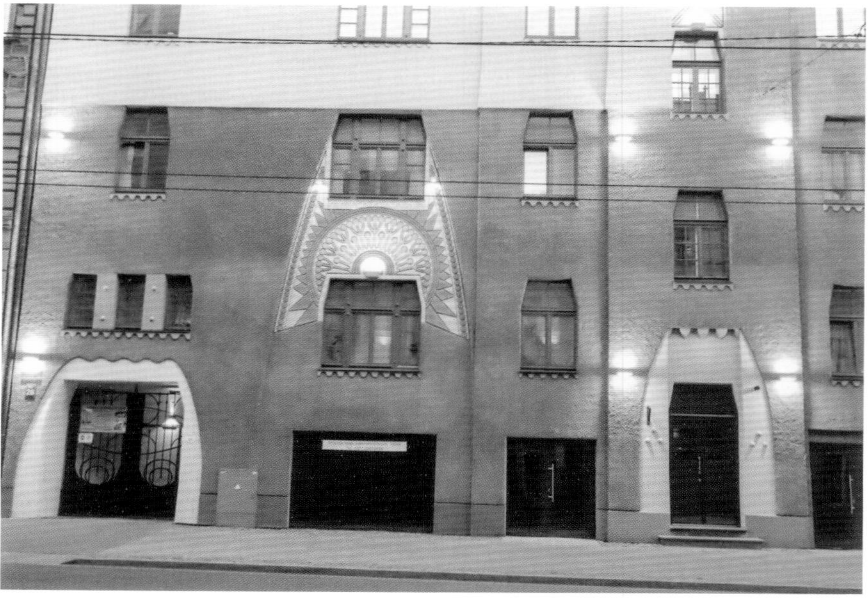
アレクサンドラ・チャカ通り26のアパート　2023年6月撮影 PM10：00 白夜

下の建物の
エントランス

クロンヴァルダ大通り10のアパート　1907　ペークシェン&ラウベ　Kronvalda bulvāris 10

ケニンス学校　1905　ペークシェン&ラウベ　Tērbatas iela 15/17

ケニンス学校　エントランス

テルバタス通り33/35のアパート　1906　ペークシェン&ラウベ　Tērbatas iela 33/35

# コンスタンティン・ペークシェン

1859～1928 Konstantins Pēkšēns

ラトビアの建築家の中でもっとも有名で、かつデザインにも秀でているエイゼンシュタインのみがもてはやされているが、ペークシェンとラウベのコンビはシェールとシェッフェルのコンビと並んでリガの街を美しく彩っている。

彼は1885年リガ工科大学を卒業するが、その前に1873年から1878年まで同大学で土木工学を学んでいる。

卒業後ジャニス・フリードリヒ・バウマニスのもとで一年間働く。

1886年、早くも自身の事務所を設立。以来ラトビアの多くの市や村に約250の建物を設計する。

1914年から1917年の第一次世界大戦中は仕事がなく、新聞雑誌の発行もおこなった。

特筆すべきはリガで初めて建物のコーナーに尖塔を建てたことで、これはリガの流行となり、多くの模倣を呼んだ。

スミルス通り2のアパート　1902　Smilšu iela 2　2023年6月撮影

## スミルス通り2番地のアパート

この建物はペークシェンのアールヌーヴォー建築でもっとも早い1902年の完成である。現地の書籍によるとペークシェンの単独作となっている。

学生だったラウベとの共作が始まったのが1903年完成の自邸（アールヌーヴォー博物館）で、その後1905年に2件、1906年と1907年が一件である。それまでネオ・ゴシックやネオ・クラシズムの作風であったペークシェンがいきなり単独でアールヌーヴォーの模範となるような建物をデザインするとはにわかには信じ難い。

この建物は改修である。改修前と比べるとガウディのカサ・バトリョにも負けないくらい変貌し、魅力的になっている。

これは著者の想像だが、1879年にすでに将来リガを背負って立つ建築家になるだろうといわれていたラウベのアイデアが多分に入っているのではないかと思われる。

2001年3月撮影

スミルス通り2のアパート

スミルス通り2のアパート

アントニアス通りのアパート　塔詳細
トップには守り神とされる熊が、庇の上にも

アントニアス通り8のアパート　1903　Antonijas iela 8

アントニアス通りのアパート　エントランス　ドラゴン

ブリビバス通り46のアパート　1907　ペークシェン＆マルヴェス
Brīvības iela 46

ブリビバス通り46のアパート　全景

バロナ通り7/9のアパート　1900　K. Barona iela 7/9

バロナ通り7/9のアパート　全景

エリザベーテス通り13のアパート　1904　Elizabetes iela 13

エリザベーテス通り13のアパート　全景

テルバタス通り9/11のアパート　1912　Tērbatas iela 9/11

ビランデス通り16の
アパート
レリーフ詳細

ビランデス通り16のアパート　1910　Vīlandes iela 16

ガートルード通り46の
アパート　1908
Ģertrūdes iela 46

ルプニエシバス通りのアパート　1908　Rūpniecības iela 3

オフィスビル　1909
Vīlandes iela 14

アウセリア通り14のアパート　1908　Ausekļa iela 14

ラーチプレシャ通り4のアパート　1905　マルヴェスとの共作　Lāčplēša iela 4
まだ学生だったマルヴェスの作という説がある。ナショナルロマンティシズムの手法で設計された初の建物

# エイジェン・ラウベ
## 1880~1967 Eižens Laube

１９０６年にラウベはリガ工科大学を卒業。

在学中からペークシェンの事務所に在籍してペークシェンを支え卒業後も一年間お礼奉公。その間ラウベの働きにより、ペークシェンの作風がアールヌーヴォー（ユーゲントシュティル）に変化。ラウベがいなくなってからもペークシェンはスタイルを変えることはなかった。

ラウベは大学在学中から将来リガの建築界を背負って立つ大器と目されており、ペークシェン事務所退所後、１９０７年に自らの事務所を設立、同時にリガ工科大の助教授として教鞭をとりながら、設計も行うという近代的建築家の道を突き進んだ。

１９９９年リガの専門家はラウベを20世紀ラトビアのもっとも重要な建築家に選んだ。

アルベルタ通り11のアパート　1908　Alberta iela 11　独立直後の作品
エイゼンシュタインの5軒の前にある。　2023年6月撮影

2001年3月撮影

1階エントランス
詳細

正面

正面立面図
外観写真と同じものとは思えないほど線が多い

基準階平面図
外からはうかがえない
大きな敷地

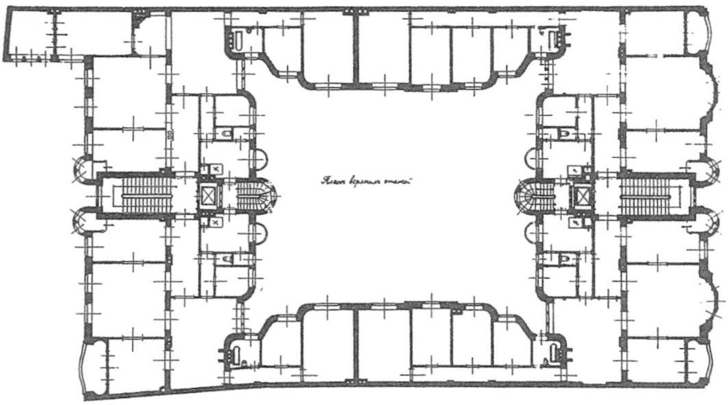

ブリビバス通り37のアパート　1909　Brīvības iela 37

ブリビバス通り62のアパート　1908　Brīvības iela 62

ブリビバス通り62のアパート　エントランス

ブリビバス通り62のアパート　塔部詳細

クリシュジャ・ヴァルデマラ通り67のアパート　1909
Krišjāņa Valdemāra iela 67

ブリビバス通り47のアパート　1908　Brīvības iela 47

ラーチプレシャ通り51のアパート　塔部詳細

ラーチプレシャ通り51のアパート　1909　Lāčplēša iela 51

クリシュジャ・ヴァルデマラ通り37のアパート　ペントハウスのレリーフ

クリシュジャ・ヴァルデマラ通り37のアパート　1912　Krišjāņa Valdemāra iela 37

ブリビバス通り85のアパート　1912　Brīvības iela 85

ガートルード通り32のアパートと学校　1910
Ģertrūdes iela 32
通りに面するのがアパートで学校は裏手にある

ガートルード通り23のアパート　1909
Ģertrūdes iela 23

マティーサ通り33のアパート（左の建物） 1912 Matīsa iela 33 これだけの非対称は珍しい
2023年6月24日撮影 24時

リガ・ラトビア協会 1909 アーネスト・ポリスとの共作 Merķeļa iela 13 2001年3月撮影

## 命のビザ・杉原千畝

１９３９年９月、ヒットラーのナチスドイツが突如ポーランドに侵入。ユダヤ人狩りを始めた。逃げ場のないユダヤ人たちは中立国だったリトアニアに逃げ込んだ。

当時ナチスから逃げだすにはアメリカに行くほかなく、そのためのルートとして、ロシアのシベリア鉄道でウラジオストックまで行き、そして日本から船でアメリカに渡るしか方法がなかった。

その頃のリトアニアの首都はカウナスで、その領事代理として杉原千畝がいた。

日本はドイツ・イタリアと三国同盟を結んでおりドイツは友好国で、その意思に逆らうことはできなかった。杉原はここである決心をした。本国の命令なしでも、人道をつらぬくために、日本を通過するビザを発給することだった。

領事館に殺到するユダヤ人のために、来る日も来る日もビザを書き続けた。そしてついに杉原に帰国命令が出た。杉原は汽車に乗るまでそれを書き続けたという。

杉原が発行したビザは２１３９枚、すべて手書きだった。これにより助かったユダヤ人の数は６０００人にのぼるという。

今日この領事館は「杉原千畝記念館」となっていて、訪れる人が引きも切らない。

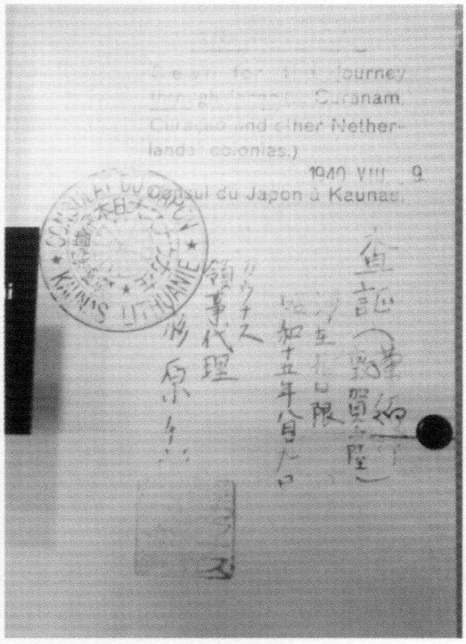

手書きのビザ

杉原千畝

# ジャニス・アルクスニス

**1869~1939　Jānis Alksnis**

アルクスニスはリガに130におよぶ建築を設計した多作の建築家。

ドイツのケーニヒスベルク（今のカリーニングラード・ロシアの飛び地）に学び、19世紀末にはロシアのトランスバイカル鉄道の建設に従事。1901年にサンクト・ペテルブルグの内務省建

ラーチプレシャ通りのアパート　全景

設技術委員会より建築実務の権利取得。

当時のラトビアは帝政ロシア領であり、この権利は設計だけでなく工事をも含むものであった。

アルクスニスのアール・ヌーヴォー建築が記録されるのは1902から1913年までで、1902年か

ラーチュプレシャ通り18のアパート　1906　Lāčplēša iela 18

ら1906年までが年1~2件でデザインに手が込んでいる。1907年から1913年までは年3~5件となり、だんだんシンプルなデザインになっていく。

これは「時代がローコストを要求するようになったのでは」と推測される。

ブリビバス通り76のアパート　1908　Brīvības iela 76

夕焼けに染まる

マティーサ通りのアパート

マティーサ通り43のアパート　1905　Matīsa iela 43　当時の写真

棟飾り詳細

エヂュアルタ・スミルガ通り10のアパート　1904　当時の写真
Eduarda Smiļģa iela 10

ブリビバス通り57のアパート　夜景　1909　Brīvības iela 57

マティーサ通り40/42のアパート　1907
Matīsa iela 40/42

マティーサ通りに2軒並んで建つ

破風部詳細

マティーサ通り44の
アパート　1907
Matīsa iela 44

ラーチプレシャ通り35のアパート　1908　Lāčplēša iela 35

ラーチプレシャ通り29のアパート　1911　Lāčplēša iela 29

ユダヤ人コミュニティセンター兼劇場兼アパート　1910　Skolas iela 4-6

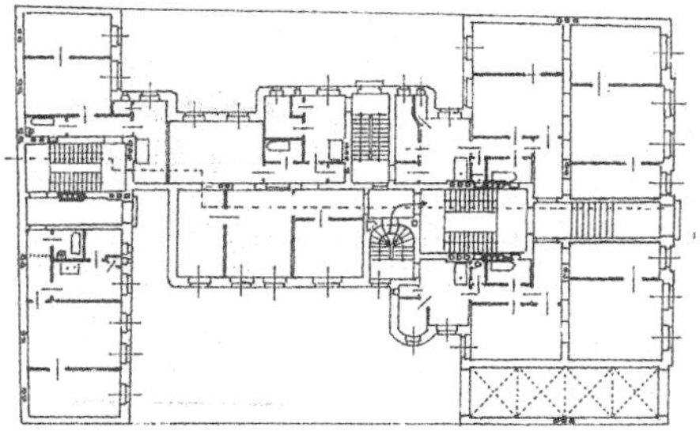

1階平面図

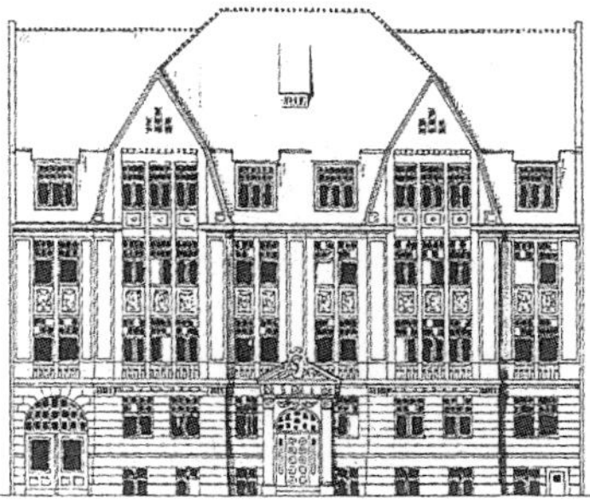

正面立面図

# ミハイル・エイゼンシュタイン

1867〜1921　Mikhail Eisenstein

エイゼンシュタインは超有名な割に経歴はあまり知られていない。

ユダヤ系であること。サンクト・ペテルブルグの土木工学研究所を卒業。ヴィゼメ県の道路局長をしながら、同時に建築の設計（その数は約20棟）をしていたこと。くらいである。

建築については素人のエイゼンシュタインがなぜあれほどまでに見事なデザインのユーゲントシュティル建築を設計することができたかはまったくの謎である。わかっていることは1900年のパリ万博を見たこと。続いて1901年の産業工芸博覧会がリガで開催され、会場の建物が1900年頃から西ヨーロッパで流行し始めたアールヌーヴォー様式で造られていたことくらいである。

後に息子がロシアの伝説的映画の「戦艦ポチョムキン」の監督であったことからわかるように、ミハイルは芸術的センスに恵まれていた。

建築の中でもアールヌーヴォー様式は特にファサード（正面）にストーリーを持ち込むことが多い様式なので、彼の持つ芸術的建築言語が集まって、センテンス（文章）になり、それの集合体がかくも美しく輝く建築群に表現されたものと思われる。

地図

エリザベーテス通り33の集合住宅　1901

エリザベーテス通り33の集合住宅　レリーフ詳細

エリザベーテス通り33の集合住宅　全景　1901　Elizabetes iela 33

玄関楣の装飾

女神像

アルベルタ通り8のアパート　1903　Alberta iela 8

ライオンのモニュメント

アルベルタ通り8のアパート　パラペット飾り

アルベルタ通り6のアパート　1904　Alberta iela 6

アルベルタ通り4のアパート　全景　1906　Alberta iela 4
エイゼンシュタインの建築でもっとも完成度が高いといわれている

アルベルタ通り4のアパート　トップ詳細

アルベルタ通り4のアパート　色々な装飾

トップの装飾

ライオンの装飾

窓と装飾

アルベルタ通り4のアパート　全景

アルベルタ通り2のアパート　婦人のレリーフ

アルベルタ通り2のアパート　2001年撮影

アルベルタ通り2のアパート　1906　Alberta iela 2　2023年撮影

アルベルタ通り2Aのアパート　1906　Alberta iela 2A

アルベルタ通り2Aのアパート　1906　階段室の装飾

エントランス階段のタイル装飾

階段室
2階
インテリア

階段
段裏の詳細

階段の
タイル

パラペット見上げ

アルベルタ通り2Aのアパート

パラペット詳細

正面見上げ

スフィンクス

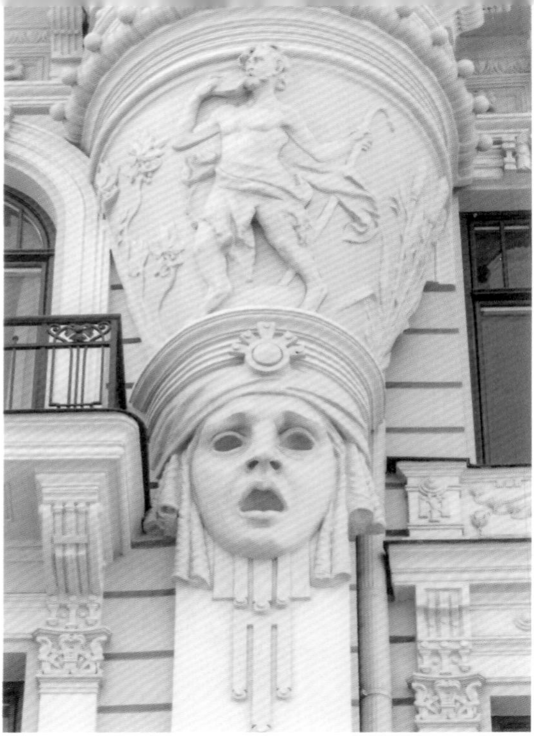

レリーフ

アルベルタ通り13のアパート　1905　Alberta iela 13

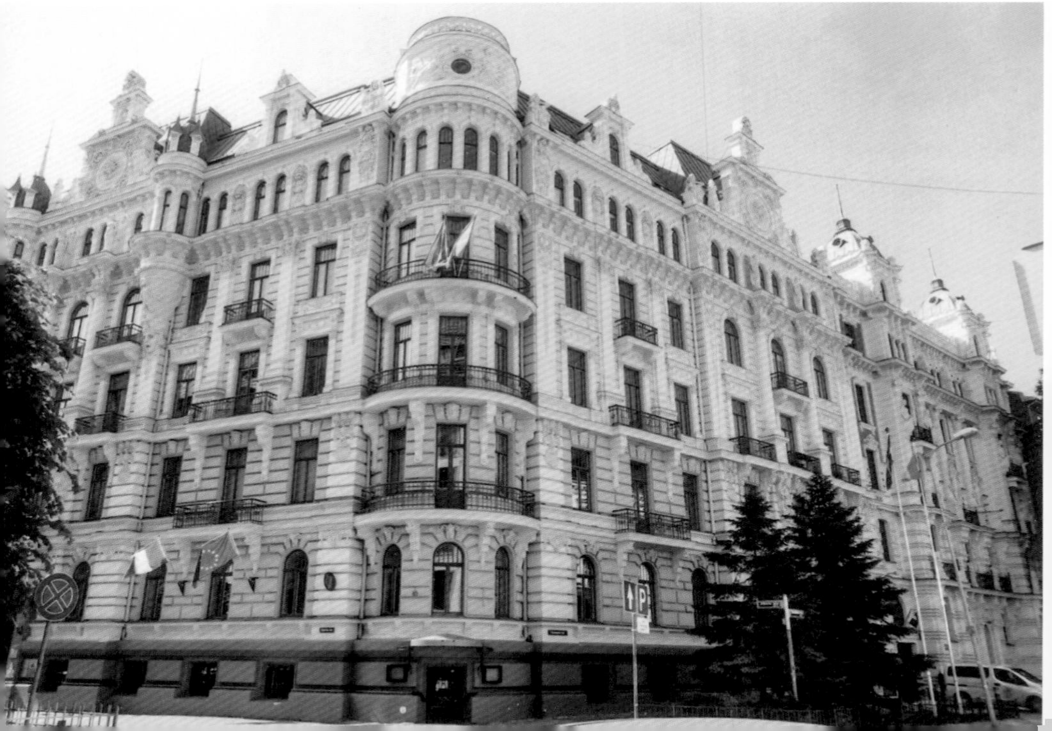

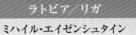

ストレルニエク通り4Aのアパート　1905　Strēlnieku iela 4A

ストレルニエク通り4Aのアパート　持ち送りの詳細

ストレルニエク通り4Aのアパート　窓周り

ストレルニエク通り4Aのアパート　美女と船のレリーフ

玄関ドアと楣飾り

エリザベーテス通り10B　1903　Elizabetes iela 10B

エリザベーテス通り10B　中央パラペット部分　建築当時「失敗した大道芸人の展示場のようだ」と言われた

パラペットの大装飾

ふくろうのレリーフ

屋上パラペットコーナーの婦人像

エリザベーテス通り10Bのアパート　見上げ

4階部分の青タイル

3階中央部分

エリザベーテス通り10Aの建物はとても美しい。2001年の写真と2023年の写真を比べてほしい。新しい方は白一色で綺麗だが、建物が平版で深みに欠けるように思う。

10Bの前にいて通りがかりの人に写真を見せて「この建物はどこにありますか」と聞いたら彼女は「あなたの目の前にあります」

あまりの変わりようにまったく気が付かなかった。

エリザベーテス通り10Aのアパート　1903　Elizabetes iela 10A　2023年6月撮影

5階窓とパラペット

2001年3月撮影

エリザベーテス通り10Aのアパート　パラペットの群像

美女と野獣

2001年撮影

ブリビバス通り99のアパート　ニンフのレリーフ

ブリビバス通り99のアパート　1905　Brīvības iela 99

何やらなまめかしいニンフ　当時の写真

アルベルタ通りやエリザベーテス通りに比べるとこの作品はやや単調に見えるがよく見ると色気たっぷりの女性がいる。この建物が入っていないリガのアールヌーヴォー建築写真集もある

# ポール・マンデルスタム

## 1872〜1941　Paul Mandelstamm

１８９８年リガ工科大卒。リガに70以上の建物を設計。

建築だけでなく１９００〜１９０１にはリガの路面電車の建設の指揮をしたり、１９０３〜１９０４に水道本管の建設もした。

設計は変幻自在、若い頃設計したカレジュ通りのアパートはフランスのナンシーにあってもおかしくない異次元の設計。歳をとるにつれて古典に回帰した異能の建築家。

カレジュ通り23のアパート　エントランス

カレジュ通り23のアパート　1903　Kalēju iela 23

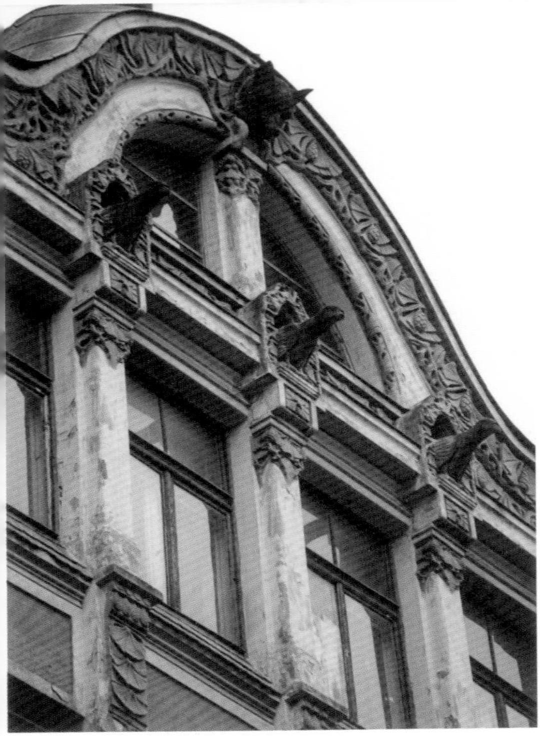

装飾の詳細

カルク通り14のアパート　1907
Kaļķu iela 14

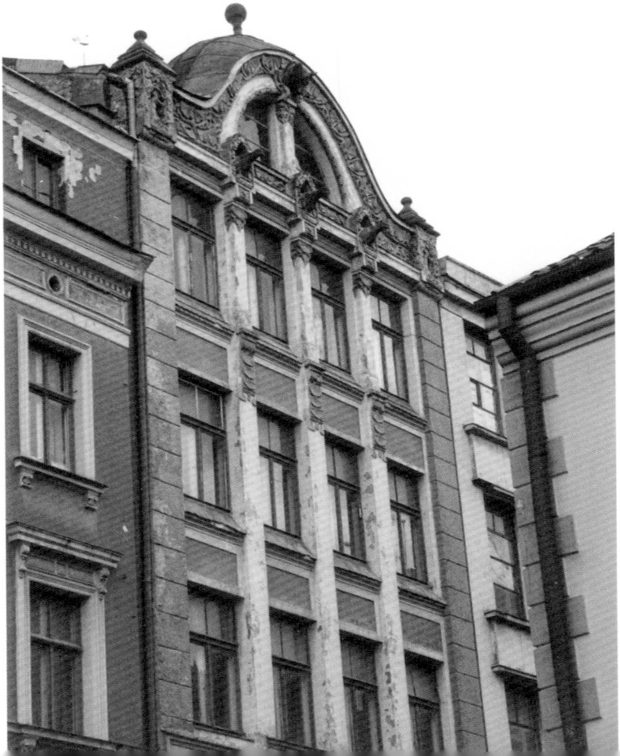

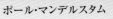

グレシニエク通り8のアパート（当時の写真） 1911 Grēcinieku iela 8

# アレクサンダー・シュメーリング
1877〜1961 Aleksandrs Šmēlings

ラインホルト・シュメーリングの息子。ドイツの教育アカデミーで教育を受け、ロシアのサンクト・ペテルブルグ帝国芸術アカデミーで学位取得。

彼の作品には折衷主義、ゴシックアールヌーヴォー、ラトビア民族ロマン主義などが含まれている。

夕陽に輝く塔頂部の装飾

ブリビバス通りの店舗付きアパート　1903　Brīvības iela 68

ペントハウス

パラペットの装飾

カレジュ通り6のアパート　1907　Kalēju iela 6　22年後の姿　あまりの色違いにしばらくわからなかった
2023年6月撮影

カレジュ通り6のアパート　1907　2001年3月撮影

ラーチプレシャ通り21のアパート　1904　Lāčplēša iela 21

失われた破風の飾り

ラーチプレシャ通りのアパート　正面

# ヴィルヘルム・ルートヴィヒ・ニコライ・ボックスラフ

**１８５８～１９４５　Wilhelm Ludwig Nikolai Bockslaff**

１８８４年リガ工科大学卒業。１８８７年から１８９２年まで大学助手。ハインリッヒ・カール・シェールの事務所で働いたあと独立。自分の事務所を持つ。

作風はネオ・ゴシックやネオ・クラシズムだったが、シェールの影響か、時々アールヌーヴォーの意匠が唐突に顔を出す。

ヤウニエラ街25／29のアパートは改装されて、ネイブルクスホテルとなり、その佇まいのユニークさからリガでもっとも有名なホテルになっている。

ホテル・ネイブルクス　玄関上の人面のモニュメント　ヤウニエラ通り25-29　Jauniela 25-29
近世のカツラをつけた男女どちらとも不明。顔がユニークで建物が哲学的思考に誘い込む
2023年撮影

人面の持送り　バロックのモチーフが人面によってアールヌーヴォーになった面白い例

ホテル・ネイブルクス（元はアパート）　1903　Jauniela 25/29

事務所兼住宅　1903　Amatu iela 4

カルク通り6の
アパート　1898
Kaļķu iela 6
リガではもっとも早い
時期のアールヌー
ヴォー建築でゴシック
アールヌーヴォーに
分類される

銀行ビル　1912
（ブルーオルバンク）
Smilšu iela 6

# アレクサンドル・ヴァナグス
## 1873～1919 Aleksandrs Vanags

リガ工科大学で1891年から土木工学を、1899年からは建築を学ぶ。

1902年サンクト・ペテルブルグ内務省ダージス建築委員会から建設権を取得。

1895年から1905年までコンスタンティン・ペークシェンの事務所に勤務。

ボルシェヴィキ占領下の1912年2月からリガ労働者評議会の建築部門で働いていたが、反革命的活動の罪で告発され、銃殺刑に処された。

彼はリガに約70棟の教会とアパートを設計した。作風はアールヌーヴォーの一様式であるナショナルロマンティシズムであった。

また彼は建築評論の刊行物も定期的に出版するジャーナリストでもあった。

元KGBオフィス　1912　Brīvības iela 61
彼の設計した建物がKGBのオフィスになるとは何とも歴史の皮肉といえる

ジュラアルナーナ通り29のアパート　1906　Jura Alunāna iela 2A

アレクサンドラ・チャカ通り70のアパート　1910　Aleksandra Čaka iela 70　ポール・カンペとの共作

ブラウマナ通り31
のアパート　1911
Blaumaņa iela 31

独立後初の作品　ブリビバス通り58のアパート　1906　Brīvības iela 58

アレクサンドラ・チャカ通り55のアパート　1910　Aleksandra Čaka iela 55

ガートルード通り26のアパート　1908
Ģertrūdes iela 26

ヴァナグス夏の別荘（当時の写真）取り壊されて今はない

# ヘルマン・ヒルビッヒ
## 1860~1939 Hermanis Hilbigs

1877年から5年間、リガ工科大学に学び、1884年から同大学の助手。1886年から1895年までは助教授を務めた。1918年からはバルト海工業高校の教授。その間多くの工場とアパート、教会を設計した。

しかしながらリガで公式に記録されているのはエリザベーテス通り23のアパートのみ。

相当手の込んだ秀作であり、他の作品も見てみたいものだ。

破風飾　LABOR OMNIA VINCIT「仕事はすべてを克服する」と書かれている

エリザベーテス通り23のアパート　1903　Elizabetes iela 23

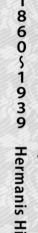

なかなかウィットに富んだ壁飾だ

女性像　4階大きなバルコニーの腰にある

# ルドルフ・ジルクヴィッツ
## 1857〜1926　Rudolf Zirkwitz

1882年リガ工科大学卒。リガ市の建築検査官に就任。その後絵画教師も経験。装飾に秀でていた。この頃のリガでは建築計画が出されると、意匠について意見が出され、しばしば変更が要求された。ヴィランデス通りのアパートは1899年とリガのアールヌーヴォー建築ではもっとも早い方で、玄関脇の女性像などアールヌーヴォーの意匠が追加されたそうだ。

エントランス　婦人像詳細

ヴィランデス通り11/13のアパート　1899　Vīlandes iela 11/13

壁面装飾

ヴィランデス通りのアパート

ヴィランデス通り2のアパート　1903　Vīlandes iela 2

# アーネスト・ポリス
**1874〜1940　Ernests Polis (Pole)**

1901年から1903年までロシアのノヴォアレクサンドロフスク農業林業研究所で学ぶ。
彼はペークシェンの建築事務所に長く勤務した。したがって独立してからの作品も古典からアールデコ風まで多岐にわたり、アールヌーヴォー作家としては特異な存在であった。

イオニア式　柱頭詳細

リガ相互信用協会（銀行）　1911　Brīvības iela 38

フォトスタジオとアパート　1912
Aleksandra Čaka iela 67/69

スミルス通り10のアパート　1910　Smilšu iela 10
最上階は改変されている

リガ貯蓄銀行　K. Barona iela 14

# オーガスト・マルヴェス

1878~1951 Augusts Malvess

［ペークシェンとの共作］

1906年マルヴェスはリガ工科大学を卒業。同時にペークシェンの事務所に入り、三年間彼の助手を務めた。その後独立。同時にラトビア大学で講師も務めた。

彼の実作は少ないが、ペークシェンとの共作とされる建物が4件記録されている。

彼の作風は重厚かつカラフルなナショナルロマンティシズムの傾向を持つ。

クリシュジャ・ヴァルデマラ通り18のアパート
1910 本人の実作 Krišjāņa Valdemāra iela 18

ガートルード通り46のアパート 1908

ブリビバス通り192のアパート 1907

ブリビバス通り46のアパート 1907

ラーチプレシャ通り4のアパート 1905

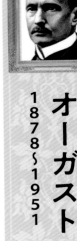

# マックス・フォン・オスミドフ

1879~1952 Max von Osmidoff

1908年リガ工科大学卒。シュトゥットガルトで働いたのち、1909年自身の事務所をリガに開設。アールヌーヴォー様式で数々の賞を受賞した。

ペントハウスのレリーフ

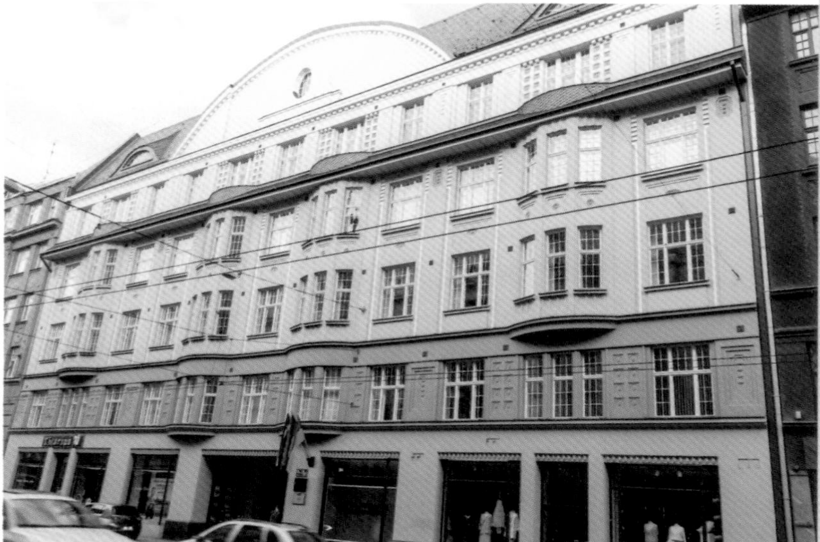

ブリビバス通り72のアパート　1909　Brīvības iela 72

# ルドルフ・フィリップ・ドンバーグ

**1864〜1918　Rudolf Philipp Dohnberg**

1893年リガ工科大学卒業。建築家でもあるグスタフ・ヒルビッヒ教授とヴィルヘルム・ボックスラフの下で働く。つまり学生アルバイト。

卒業後すぐに自身の設計事務所を開設。初めは折衷的なスタイルだったが、20世紀に入りアールヌーヴォースタイルに移行。リガ市内に80の作品を残した。

ラーチプレシャ通り21のアパート　1910　Lāčplēša iela 21

ラーチプレシャ通り61のアパート　1909　Lāčplēša iela 61

マティーサ通り27～35のアパート　1910　Matīsa iela 27-35

# ヘルマン・オーガスト・ハルトマン
## 1869〜1925　Hermann August Hartmann

ラトビア語では、ヘルマニス・オーガスト・ハルトマン。

1889年から1893年までリガ工科大学で学ぶ。1898年にリガ工科大学の助手となり、続いてラトビア大学の教授となる。リガのいくつかのアパートと公共建築を手がけるが作品は少ない。

玄関ドア飾り

クリシュジャ・ヴァルデマラ通りのアパート　1907　Krišjāņa Valdemāra iela 20

ペントハウス詳細

女性像

# カール・ヨハン・フェルスコ
## 1844~1919　Kārlis Johans Felsko

フェルスコは1865年までヴェストファーレンのジーゲン建築学校に学ぶ。続いて1865年から1866年までベルリンの建築アカデミーで学び、1867年サンクト・ペテルブルグの王立芸術アカデミーで自由芸術家の学位取得。その後リガ市の建築検査官となり、リガ工芸学校でデッサンを教えた。続いてリガ工科大学の助手を務めながら、自分の建築事務所を経営し、リガに工場や集合住宅を120も設計。そのほとんどは中期ルネッサンスの折衷式の建物であった。

この建物のみが完全なアールヌーヴォー様式で工事中にデザインを変更したといわれている。

多くの建物を設計しながらたった一作だけアールヌーヴォー様式を採用した不思議な建築家である。

ブラウマナ通り28のアパート　1903　Blaumaņa iela 28

# ヤーニス・ガイリス

1882～1957　Jānis Gailis

1903年から1911年までリガ工科大学内に個人事務所を持ち自身の設計事務所を経営すると同時にリガ相互商業信用協会の鑑定士を務めた。

1920年にはリガ市の建築検査官に就任。生涯に15件のアパートを設計した。

テルバタス通り13のアパート　1912　Tērbatas iela 13

# オーガスト・ラインベルグ

1860～1908　August Reinberg

　1882年リガ工科大学卒業。1894年サンクト・ペテルブルグ王立芸術アカデミーで芸術家の学位取得。

　サンクト・ペテルブルグで開業。その後リガに移り公立学校で絵を教えながら、傍ら設計にいそしんだ。リガ建築家協会の会長も務めた実力者。

　州立銀行や多くのアパートを設計し、タリンの銀行も設計した。

スコラス通り3の住宅　1905　Skolas iela 3

スコラス通り3の住宅　1905　Skolas iela 3

# その他の作品

保険会社　2001年3月撮影

保険会社　1906　ニコライ・プロスクニン
ニコライはサンクト・ペテルブルグの土木工学研究所卒
Smilšu iela 1/3　2023年6月撮影

クリシュジャ・ヴァルデマラ通り33のアパート　1912
エドガー・フリーゼンドルフス
Krišjāņa Valdemāra iela 33

ラーチプレシャ通り14のアパート　1910
ノルド・ニコライ（1880～1934）　リガ工科大学卒
Lāčplēša iela 14

ブリビバス通り55～61のアパート　1900　ヴィルヘルム・ノイマン（1849～1919）　Brīvības iela 55-61

セス通り49のアパート　1910　エドマンズ・フォン・トロムポスキー　Cēsu iela 43

ラーチプレシャ通り100
のアパート　当時の写真
Nikolajs Jakovļevs
ニコライ・ヤコブレフ
Lāčplēša iela 100

スコラス通り20, 22のアパート　1911　レオポルド・リーマ　R・コワルツィク　Skolas iela 20-22

ゴシックアールヌーヴォ
午後の陽に照らされて
美しい

設計者不明だが
1900年とあるので
リガでは初期の
アールヌーヴォー

テルバタス通り33のペークシェン＆ラウベのアパートの隣にある。その隣はシュメーリングの建物

# 設計者不詳の建築

壁のレリーフ

アパート

夜のアパート

アカス通りの建築　岩元禄の西陣電話局を思わせる良い建築

バロック風味のアパート　設計者不詳

1階左手の
エントランス

白夜のイスラム風味のアパート

イスラム風味の建築

アルベルタ通り9

アルベルタ通りの建物群　2023年

アルベルタ通りの建物群　2001年

LISSIMO

ペークシェン＆ラウベの建築(右)

# リガになぜこれほど多くのアールヌーヴォー建築が存在するのか

リガには現在約８００棟のアールヌーヴォー建築が現存する。

２００１年に初めてリガを訪問した時、現地の建築学会で手に入れたアールヌーヴォー地図で中心部に３２０の建築が数えられた。

その後、ユネスコによって数えられ、約８００の数が確立した。私も２０２３年に再びリガを訪れ、現地の資料によってその数を確認できた。

この数はハンガリーの首都ブダペストの９８９に次ぐ世界第2位のアールヌーヴォー建築保有数である。

20世紀初頭、ラトビアは帝政ロシアの支配下にあって、バルト海への玄関口として、商工業が発展した。もともとラトビアはドイツ人が建国し、ハンザ同盟の盟主として貿易を牛耳っていたが、ロシアの新首都サンクト・ペテルブルグに近く、建築を目指す若者は地元のリガ工科大学へ進む人が多かったが、心ある人はサンクト・ペテルブルグ大学に進学した。当時同市の新市街はアールヌーヴォー建築の新築ラッシュであり、かつバルト海の対岸、ヘルシンキでエリエール・サーリネンやラルシュ・ソングが活躍していて、その影響がリガにおよんだと考えられる。

商工業の発展によってリガは人口が急増し、住むための住居が必要だった。リガの新市街には一階が店舗、二階から上が集合住宅の建築が続々と建てられた。

それまで延々と続いてきたバロック建築に人々はあきあきしていた。

リガの建築家にとって決め手となったのは、１９０１年にリガ・ジュビリー展示会、つまり、産業工芸博覧会が開かれたことだ。

この会場がアールヌーヴォー様式で建てられ、リガの人々はこれに飛びついたのだった。
またリガの建築界を仕切っていたミハイル・エイゼンシュタインは１９００年のパリ万博を見て、アールヌーヴォーの斬新さを認めていた。
彼はそれまでの様式を捨て、新しいスタイルを採用して市内に11棟の特異な建築を建てた。
今それらは世界遺産となり、リガの街の名所となって観光客を引きつけている。
初めてリガを訪れた時は、エイゼンシュタインのみが目立ったが、二度目の来訪で、他にも変わった建築家、つまりシェール、シェッフェル、ペークシェン、ラウベ、アルクスニスたちの作品を見て感動した。
したがってエイゼンシュタインは６番目に登場することになった。

*Rigaer Jubiläums-Ausstellung 1901. Lageplan. Arch. A. Aschenkampff, M. Scherwinsky.*

リガ　ジュビリー展示会　1901　ロゴ

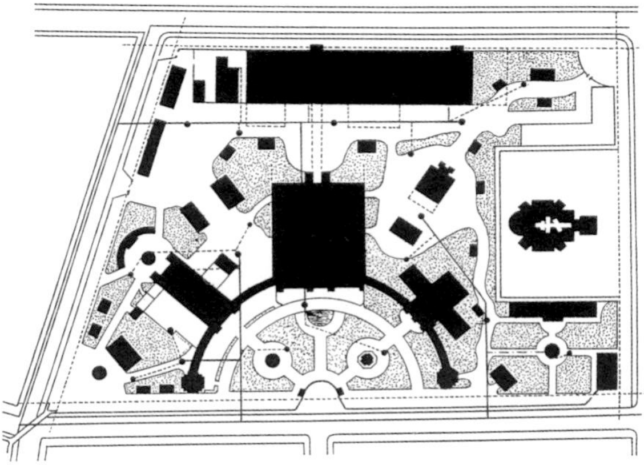

*Rigaer Jubiläums-Ausstellung 1901. Lageplan. Arch. A. Aschenkampff, M. Scherwinsky.*

リガ　産業工芸博覧会
会場見取図　1901

*Rigaer Jubiläums-Ausstellung 1901. Speisezimmer. Kollektiv-Ausstellung der Amtsmeister der St. Johannisgilde.*

ダイニングルーム
設計者不詳
見事なアールヌーヴォーの室内
1901

*Rigaer Jubiläums-Ausstellung 1901. Die Hauptrestauration. Fassadenentwurf. Arch. M. Scherwinsky.*

中央復興館　1901
M. Scherwinsky

*Rigaer Jubiläums-Ausstellung 1901. Die Bauhalle. Fassadenentwurf. Arch. M. Scherwinsky.*

リガ産業工芸博覧会　メイン館　ファサードデザイン　M. Scherwinsky

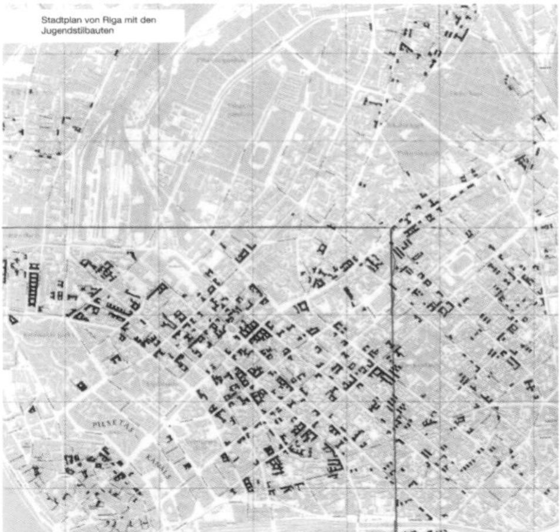


リガ　アールヌーヴォー建築　分布図　計800カ所

*Rigaer Jubiläums-Ausstellung 1901. Diplom nach Entwurf von A. Standke.*

リガ建都700年記念　産業と商業　金メダルの賞状

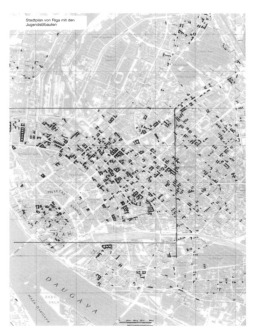

# ヴィリニュスの歩き方

　リトアニアサイエンスアカデミーは大聖堂から始まるPilies（ピリエス通り）を歩くとすぐに見えてきます。
　夜明けの門から歩いていくとパレスホテルがあります。

# リトアニア・ヴィリニュスの<br>アールヌーヴォー建築

# リトアニア・ヴィリニュスのアールヌーヴォー建築

２００1年3月にヴィリニュスを訪れた時には1軒も見つけられず、ここにはないと思っていた。しかし、22年後の２０２３年6月に再訪して、いくつかのアールヌーヴォー建築を見つけることができた。

リトアニアサイエンスアカデミーは完全なアールヌーヴォー建築だったし、二つのホテルや市場もそれらしい佇まいだった。

この回の旅行はコロナ明けの4年ぶりの海外旅行でツアーの合間をぬっての調査だった。

このあとラトビア、エストニアと行くのだが、三国ともに大統領府に自国の旗の両隣にＮＡＴＯとウクライナの旗がはためいていたのがとても印象的だった。

リトアニアサイエンスアカデミー　正面　建築年・設計者不詳

正面ドアの装飾

窓周りの装飾

円柱と装飾

リトアニアサイエンスアカデミー　全景

塔部詳細

ピリエス通り34の店舗とヴィエスブチスホテル　設計者不詳　Pilies 34

エントランス

住宅

集合住宅

ロシア教会

パレスホテル　夜明けの門通り

パレスホテル　列柱

パレスホテル　ロシア折衷型アールヌーヴォー

エントランス

ハレス市場　1906

商店と住宅

用途不明

オフィスビル

## 十字架の丘リトアニア・シャウレイ

バルト三国のリトアニアの首都ヴィリニュスからラトビアのリガに向かう中間あたりにこの十字架の丘がある。

資料によれば1831年のロシアの侵略に対する蜂起の後、処刑や流刑にされた人々の鎮魂のために建てられたという。

ソ連時代には何度も焼き払われたり、ブルドーザーで撤去されたりしたが、この国の人たちはそのつど再建したという。今は10万を超えるそうだが、まだまだ増え続けている。

今のウクライナもそうだが、周辺の国々を侵略し続けてきたロシアに対する反感がそこにある。

バルト三国の大統領府にはいずれも自国の国旗、NATOの旗に並んでウクライナの国旗が掲げられている。ウクライナを応援するという意味である。

十字架の丘　10万を超える十字架が祭られている

# エストニアの歩き方

タリンではPikk（ピック通り）18番地にローゼンバウムの竜の家があり、その真ん前に同じ作者の集合住宅が二つ並んでいます。

エストニアドラマ劇場は有名でパルヌ街道にあり、地球の歩き方の旧市街地図に載っています。

# エストニアの
# アールヌーヴォー建築

# ジャック・ローゼンバウム
## 1878～1943　Jacques Rosenbaum

2001年にタリンを訪れて、たった一つ見つけたアールヌーヴォー建築。エジプト風味の5階建。私は「竜の家」と名付けた。

22年後に再びタリンを訪れて真っ先に行くと、当時と同じ姿で健在。設計者はローゼンバウム。名前以外の情報は何もない。ただただ向かい合った竜が素敵で、二匹でタリンの街を守っているように思えた。

再会の喜びにひたりながらピック通りを端まで行って元へ戻ってくると驚いた。竜の家の真ん前に見事なアールヌーヴォーがある。その隣もまた堂々のアールヌーヴォー。前の時にまったく気が付かず見落としてしまった。今回も同様だったが、戻ってきてよかった。

銘板を見ると同じローゼンバウム。多分その隣もローゼンバウムの設計と思われる。今のところ作者の情報は何もないが、時間をかけて調べてみよう。何となく北欧系の人の感じがする。

ピック通り18　竜の家　1910　Pikk 18

竜のレリーフ

上部詳細

エジプト風味の女性

向かい合う竜

壁のレリーフ

屋上のレリーフ

ピック通り19
の集合住宅
1910
向かって左も
同じ作者
Pikk 19

店の看板

ボウウィンドウ下部　左手には竜の家が見える

横町面

ピック通り17の家　1910　ローゼンバウム　Pikk 17

塔部詳細

壁のサイン

# エストニア・ドラマ劇場

１９０２年前身のドイツ人のための劇場が焼失したのを受けて、新しい建物がコンペによって建設された。

当選したのはN・ヴァシリエフとA・ブビルのサンクト・ペテルブルグのチームだった。

様式はノルデックモダンと呼ばれるナショナルロマンティシズムで、外壁は地元産の石灰石で覆われている。

内部は大小二つのホールとレストランがある。

レリーフ

エストニアドラマ劇場　1910　Pärnu pst　パルヌ街道

レリーフ

エントランス

正面　1910　ドラマ劇場　426席の大ホールと159席の小ホールがある

北面

# その他のアールヌーヴォー建築

用途不明

用途不明　ピック通り

ホテル

ホテルバロン

オフィスビル

住宅

住宅

住宅

住宅

集合住宅

集合住宅

# パルヌのアール・ヌーヴォー建築

エストニアの「夏の首都」といわれるパルヌ。旧市街に程近い彫刻公園の中に佇む、今も営業している老舗のホテル。

パルヌはハンザ同盟にも加盟していた。この頃の港は海から少し川を逆のぼったところにあった。理由は当時は木造船で、船底に大量の牡蠣がつく。そうなると船足が落ちるので、淡水の港に入ることで、牡蠣が死んで貝殻が落ちるのだった。パルヌ港に注ぐパルヌ川がその役を果たしていた。

ホテルアメンデ・ヴィラ　パルヌ　設計者不詳　1905　Mere puiestee 7

# オーレスン（ノルウェー）Ålesund

オーレスンは人口4万3千人。ノルウェー海に面する港町。ベルゲンを始発港として北に向かう沿岸急行船が最初に停まる港である。

この町は島と島がつながったような形で、中心部はオーレスン港で分離されているが、港は川のようで橋を渡るだけで全体としては一体感がある。

このオーレスンには約600のアールヌーヴォー建築がある。（世界第三位）これは市内の建築の6割に相当する数だ。実はこれには訳がある。1904年1月、町は大火にあい、それまでの木造の家は大半が焼失した。

再建にあたり、建物は不燃材である石かレンガのみに限られ、木造は禁止された。

ここで市民はもう一つの決断をする。当時、西欧やフィンランドのヘルシンキで流行していた建築様式、アールヌーヴォーが採用されたのだ。

幸い200km離れたトロンハイムに当時ノルウェーで唯一の建築科をもつ工業大学があった。その学生たちが動員され、他の地域から参加した建築家も含め、火災後たった3年で町は復興された。

今日、町を歩いてみて気が付くことは、スレートで葺かれた勾配屋根を持ち、外壁にみかげ石が貼られている家が多いことだ。この様式はナショナルロマンティシズムと呼ばれ、アールヌーヴォーの一形態として認知されている。

つまり焼失前の木造建築の街並は北欧特有の勾配のきつい屋根を持っていて、整然として美しかった。この街並のイメージを当時の人たちが残そうとしたと思われる。

建物のほとんどは一階に商店を持ち、上階が集合住宅となっている。

街はそれほど大きくないので、ゆっくり歩いて回れる。重厚な石造りの家にまじって可愛いらしい花柄の家などもあって楽しいことこの上ない。

オーレスン遠景　南から北を見る

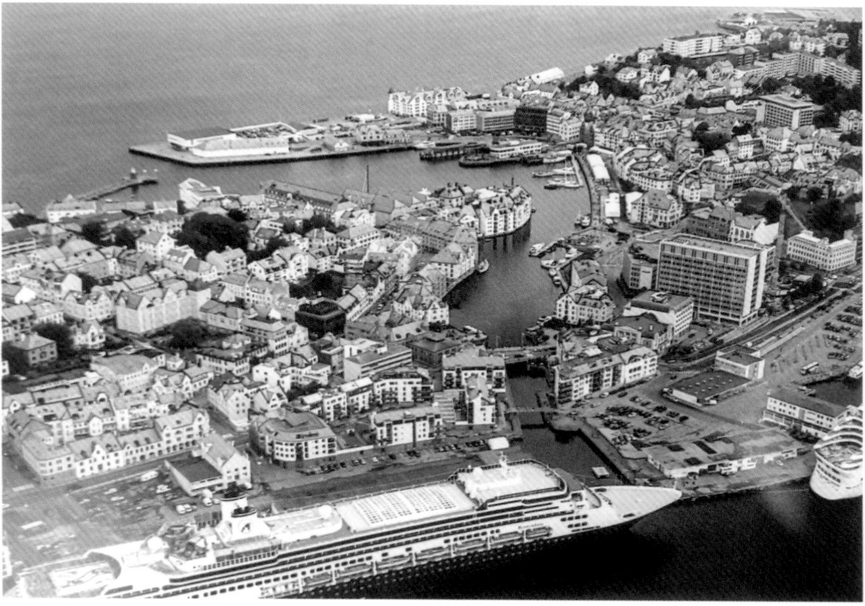

オーレスン中心部とオーレスン港　北から南を見る　船は沿岸急行船

# ハグバルト・シッテ・ベルグ

## 1860～1944 Hagbarth Schytte-Berg

オーレスンのアールヌーヴォー建築を代表する建物、アールヌーヴォーセンターを設計したのは建築家ハグバルト・シッテ・ベルグである。

１９０４年の大火のあと、再建のために多くのノルウェーの建築家が集まってきたが、その平均年齢は35歳だったという。しかし、シッテ・ベルグはすでに44歳と年長だった。

彼は１８７９年トロンハイム工科大学卒。その後、ドイツのハノーバー及びベルリンで学ぶ。若い頃はゴシック建築を学び、その後ルネッサンスに興味を覚えたという。19世紀末にドイツにユーゲントシュティルの波が押しよせ、それを体験したあと１８９０年からはノルウェーに戻り、シーエン市庁舎、シーエン教会を完成させていた。

１９０４年の大火災後のオーレスンに移り、１９０８年まで滞在。町の再建に取り組んだ。

彼の設計した現在のアールヌーヴォーセンターは薬局とそれを経営する家族の住居として建てられたものだ。様式はアールヌーヴォーの一方の様式として認められているナショナルロマンティシズムであり、それはオスロのノルウェー歴史博物館（１９０２）に影響されたといわれている。

この様式は勾配屋根をもち、外壁は花崗岩または石灰岩で覆われている。オーレスンの街にもっともふさわしい形として、オーレスン教会をはじめ、ホテルや集合住宅として街のあちこちに出現する。

オーレスンの街にある約６００軒のアールヌーヴォー建築のうち設計者が特定されているのはアールヌーヴォーセンターだけであるが、シッテ・ベルグはオーレスンに19軒の建物を設計したと書かれた資料が残されている。１９０８年からはトロンハイムに移ったとあり、その後のことはわかっていない。

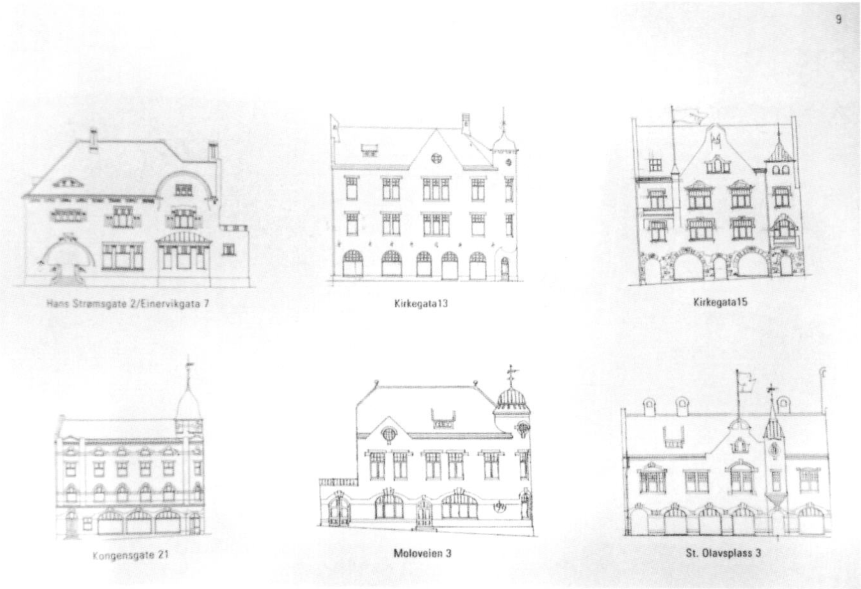


ハグバルトが設計した建物の立面図

アールヌーヴォーセンター　旧白鳥薬局

アールヌーヴォーセンター

入口ドアの装飾

旧薬局のインテリア　当時の姿がそのまま保存されている

［設計者不詳の建築］

ほとんどの建物の設計者が特定されていない。

オーレスン教会　祭壇

オーレスン教会

リカホテル　スカンディナビイ　外観

リカホテル　スカンディナビイ　インテリア

リカホテル　ミュシャ風の壁絵

リカホテル　レストラン

ホテルウォーターフロント

ホテルウォーターフロント

ホテルブロサンデット

集合住宅
花崗岩の
楣が美しい

集合住宅

禁欲の家
と呼ばれている

オフィス
&集合住宅

集合住宅

店舗と集合住宅

店舗と集合住宅

オフィス+集合住宅
1906

店舗と集合住宅

店舗と集合住宅の街並

店舗と集合住宅

集合住宅

薬局ビル

街並

街並

街並

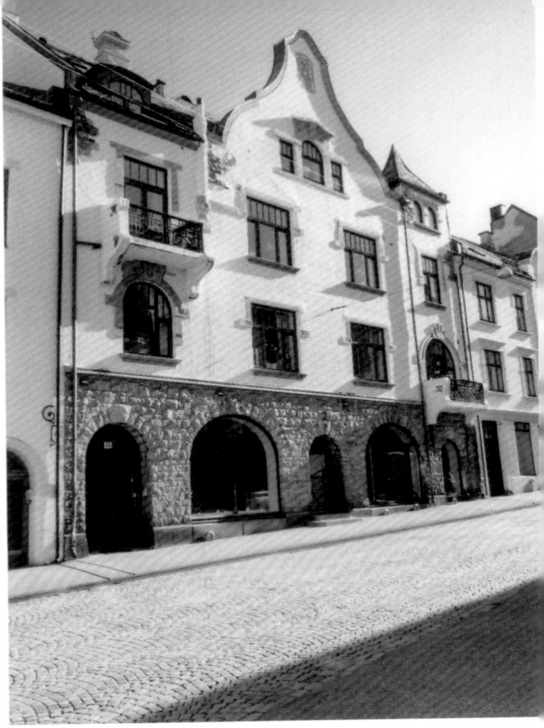

店舗付住宅

店舗付住宅

花の家I

花の家I

花の家II

丘の上の住宅I　オルブリッヒの匂いがする

女性のレリーフ

丘の上の住宅I

住宅

住宅と店舗

丘の上の住宅II

住宅

花の家III

港のホテルブロサンデット

街角

カラフルな街点描

# オーレスンの街並

オーレスン港両端　集合住宅

港で隔てられた街はこの橋でつながっている

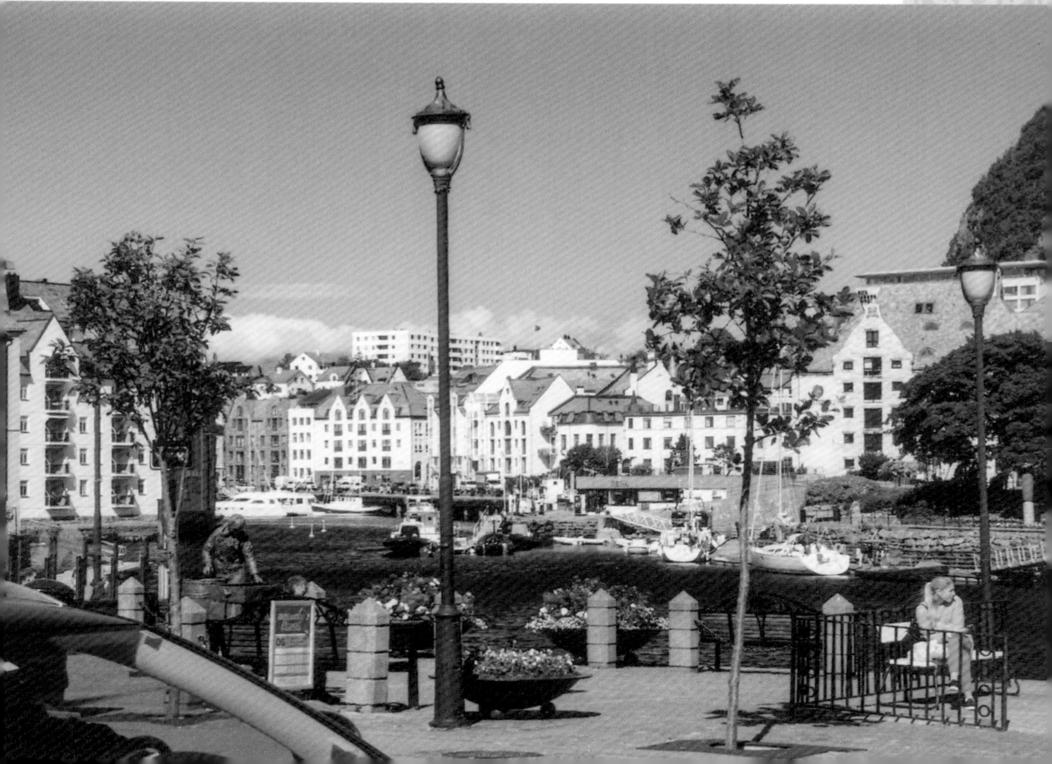

見渡してみるとほとんどの建物がアールヌーヴォー

左端がアールヌーヴォーセンター

# アールヌーヴォーのお墓（オーレスン）

オーレスンの街を見下ろすことのできるアクスラ山の港をへだてた対岸の小高いところにオーレスン大聖堂がある。ナショナルロマンティシズムの見事な聖堂だが、その敷地の中にキリスト教の墓地がある。そこのお墓が見事なアールヌーヴォーだらけ。

前にポーランドのウッチでも手の込んだアールヌーヴォーのお墓を見たことがあるが、ここのはシンプルだが洗練されている。墓碑銘を見るとかなり新しいが、アールヌーヴォーの街にふさわしいお墓だと思われた。

アールヌーヴォーのお墓

工夫されたアールヌーヴォーのお墓

アールヌーヴォーのお墓

アールヌーヴォーのお墓

# 「リガ」1回目（2001）

2001年3月、大阪からアムステルダム経由でストックホルムへ行き、ついでポーランドのワルシャワへ。クラクフからワルシャワに戻り、リガ、ヴィリニュスと移動して、アムステルダムから戻る10泊11日の忙しい旅だった。

ストックホルムではエストベリの市庁舎をしっかり見て、ワルシャワへ。ここは市内が大爆撃を受けて再建された街なので少しはアールヌーヴォー建築を見つけたが、期待した古都クラクフでは1軒も見つけられなかった。

アールヌーヴォー建築が800もあるというリガに大いに期待して到着。2000年版の地球の歩き方にはエイゼンシュタインのことだけが出ている。

駅から旧市街まで歩いてホテルをいくつかあたり、新しくて、広くて、安い良いホテルを見つけて2泊。

午前10時に着いたので時間はたっぷりある。早速アルベルタ通りへ。エイゼンシュタインの建築が5棟並んでいる。すごいデザインに圧倒される。

2Aのアパートからお婆さんが出てきたので頼みこんで中へ入れてもらい写真を撮る。

外は汚れているが、中は綺麗なフレスコ画がそのまま残っている。エリザベーテス通りを見たあと、適当に歩いていると現地の建築学会があり、入ってみる。そこでは『ユーゲントシュティル・イン・デア・リガークンスト』という白黒の写真集と市内のアールヌーヴォー建築をプロットした地図が手に入った。地図には約400の建物がプロットされていた。写真集が白黒なのとドイツ語なので、エイゼンシュタインのみが目立って、あとは平凡に見えたので、旧市街を中心にあてずっぽうに歩いただけで酒を飲んで寝てしまった。帰国して現像してみるとエイゼンシュタイン以外にも10軒くらいみるべき建築があった。2日間いてそれなりに歩き回ったが、建物も薄汚れていて、後に出版した『アールヌーヴォーの残照』にはエイゼンシュタイン以外にはペークシェンとラウベの作品2作とシェッフェルの1作を掲載したのみに終わった。

リガで泊まったホテル　Konventa Seta（リガ）　5126（2F）
60Ls（12,000円）のジュニアスイート　41.2㎡（25帖）

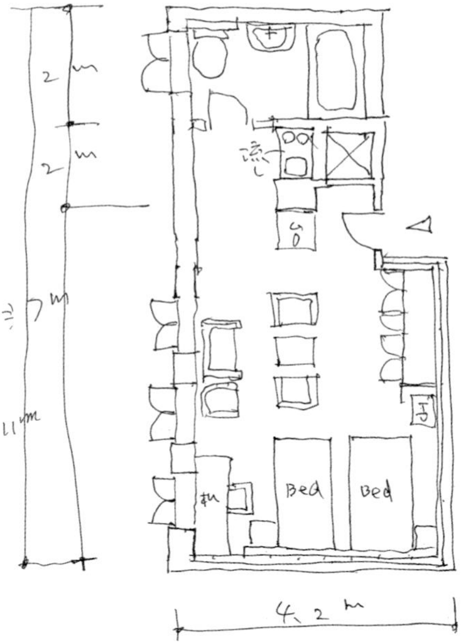

2001年のアルベルタ通り

# 「リガ」2回目(2023)

2018年と2019年は東欧を中心に、偶数月はすべて海外に出向いたが、2020年からまる3年、新型コロナ禍のため海外はおろか県外にも出かけられなかった。

2023年77歳になった私は体力の衰え甚だしく、一人旅は家族の了解が得られなくなっていた。コロナも下火になってきた頃、ユーラシア旅行社からパンフレットが送られてきた。その中にバルト三国へのツアーがあり、何とリガで2日間自由時間がある。「これだ」と早速申し込む。

6月17日から29日までツアーの皆さんとバルト三国に出かけ、リガで3泊した。

今まさにロシアとウクライナの戦争中で、もっとも記憶に残ったのが、リトアニア、ラトビア、エストニア三国の大統領官邸に三本の旗が立っていて、真ん中に自国の国旗、左側にEUの旗、右側にウクライナの国旗がはためいていたことだ。三国こぞって、他人事ではなくウクライナを応援していることがよく分かった。

リガに着くと、まずアルベルタ通りに行き、アールヌーヴォー美術館に行く。今回は各室の内装も見ることができ、売店ではオールカラーの『リガのアールヌーヴォー建築』という本が手に入り、他にもエイゼンシュタインの本などが手に入った。特に前者はラトビア語、英語の解説がついていて、大いに役立った。

白夜を利用して、まるまる2日間、一日は夜の12時まで歩き回ったが、年齢は如何ともしがたく、また新市街は広く、すべて踏破とはいかなかった。

ただデジタルカメラが発達したので、写真だけは撮りまくった。帰ってきてまとめてみるとエイゼンシュタインの建物もリニューアルされて美しい。それ以上にシェールとシェッフェルの協作、ペークシェンとラウベの協作、さらにアルクスニスと素敵な建物がたくさんあり、エイゼンシュタインは6番目の建築家として取り上げた。

しかし、やはりエイゼンシュタインは傑出しており、取り上げた写真の数は圧倒的にナンバー1である。（リガに存在するアールヌーヴォー建築の数はユネスコの調査通り約800あることを確認できた）

ラディソンブル　ラトビア　Room 6236
24.5㎡　角部屋

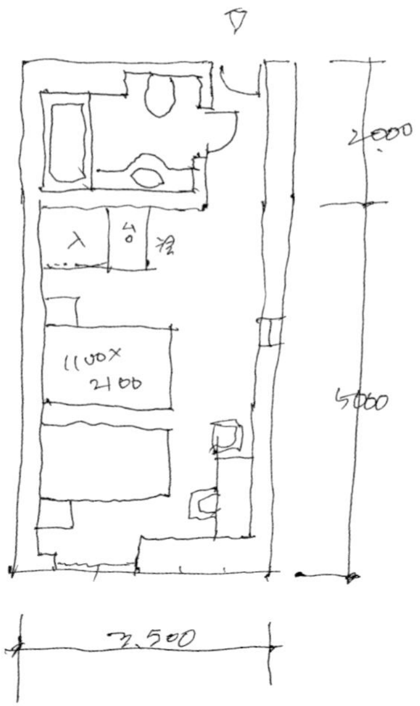

2023年のアルベルタ通り

# オーレスン（ノルウェー）

２０１４年6月、ヘルシンキ、タリン、ヘルシンキ、オスロ、オーレスンと来て、ここで2泊、深夜の沿岸急行船でベルゲンに翌朝到着、2泊。ベルゲン特急でオスロへ戻りヘルシンキ経由で大阪へ。11泊12日の一人旅だった。

オーレスンの滞在は短かったが、完全な白夜で、朝早くから夜遅くまで街を歩いて写真を撮ることができた。街はあまり大きくないので1日でほぼ全域を歩き終わり、翌日はガイランゲル・フィヨルドに日帰りで行くことができた。

オーレスンの街は市内の建物の8割以上がアールヌーヴォー建築で、かつその大半がナショナルロマンティシズムの石貼りの建築だった。１９０４年の大火で市内が全焼したあとの復興の建築で、主として隣町のトロンハイム大学の建築科の学生が設計したそうで、随分かわいい建物もあって、街歩きが楽しかった。

深夜のベルゲン行沿岸急行船を待ちながらレストランで食事をしたのだが、メインメニューがマクドナルド式のハンバーグで客はそれをナイフとフォークで食べていておかしかった。

この国でもビールはおいしく、さらに凍らせたウォッカが甘くておいしかった。

深夜12時を過ぎても来ない急行船の姿が見えた時はホッとしたことだった。

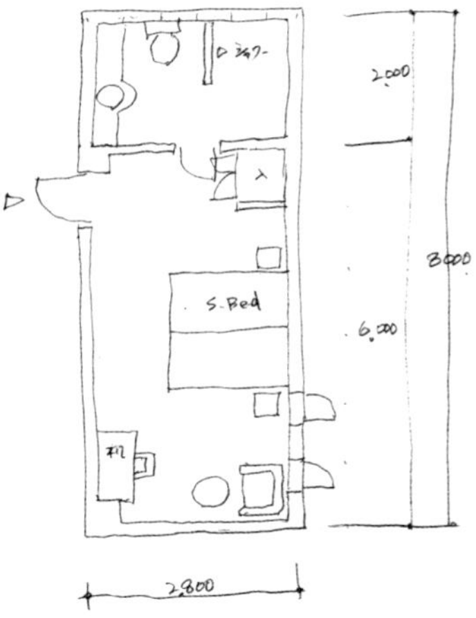


First Hotel Ålesund Room 422（22.4㎡）
1095NOK（17,000円）
ただただ細長くて窓が少ない狭い部屋

沿岸急行船　NORDNORGE　ノルウェー北部という意味らしい

沿岸急行船　2等客室(ロビー)

# ガイランゲル・フィヨルド

ガイランゲル・フィヨルドはオーレスンに程近い。バスでオーレスンからヘルシルトに向かう。そこからはフィヨルドツアーのクルーズ船が出る。

フィヨルドとは氷河が削った谷に海水が流入した地形をいう。

ガイランゲルはソグネフィヨルドについで長く人気が高い。

夏は気候が良い日が多く、船上を吹き抜ける風が心地よい。大自然に囲まれて、人は謙虚になり、無邪気に自然を楽しむ気持ちになる。

両側の山は標高1500mもある

夏は70万人の観光客が押し寄せる

ガイランゲルの街

ガイランゲル・フィヨルドの最奥　ガイランゲルの街　手前はクルーズ船

# 鷹野 律子

Ritsuko Takano


**Profile**

大阪府出身・在住。やきもの・建築好きが高じてタイルに魅了される。

建築物に使われているタイルを探して、国内外の街を訪ね歩き、ブログやSNSを通じてその魅力を発信している。

また、自らタイルを製作し、タイル作家としても活動。現在年１回のペースで個展を開催している。

ポルトガルのタイルを巡った著書『メトロリスボン』（大福書林）


［ブログ］ https://blog.goo.ne.jp/rico914

［ X ］ https://x.com/ma_yumama

# 鷹野律子の
# タイルワールド

# 用語の説明

## マジョリカタイル

イタリアの錫《すず》釉色絵陶器マヨリカ焼の技術がヨーロッパ全域に伝わった19世紀半ば、イギリスの陶磁器メーカーミントン社により開発された色鉛釉を用いたタイルで、表面に凹凸をつけたレリーフで釉薬の濃淡を表現したものや、チューブライニングやプレス加工により輪郭を作り、それを境界線にして釉薬を塗り分けし、複数色の釉薬で華やかに文様を表現したものなどがあります。

## プラナカン

プラナカンとは15世紀後半から数世紀にわたり、マレーシアやシンガポールに移ってきた中華系移民の子孫のこと。ただし中華系に限らずアラブ系やインド系もあり、彼ら外国人移民男性と現地人女性との混血による子孫のことをいいます。

プラナカン様式のショップハウス

# マラッカとシンガポールの、マジョリカタイル

マラッカとシンガポールは共に16世紀にはポルトガルに、17世紀にはオランダに支配されたが、18世紀にイギリス領となる。19世紀末になって、ヨーロッパを中心に起こったアールヌーヴォー運動はイギリスが発祥とされているが、ベルギー（ブリュッセル）、フランス（パリ、ナンシー）、ハンガリー（ブダペスト）、チェコ（プラハ）などで建築を中心に凄まじいエネルギーが爆発した。

そのエネルギーがイギリスに逆輸入され、大量のビクトリアンタイルとして製造された。

シンガポールやマラッカにはプラナカンの邸宅や邸宅を改装したレストランやホテルなどに使われていて、現在でも数多く残っている。しかもシンガポールのプラナカンタイルギャラリーでは写真でも分かるように正調アールヌーヴォー模様で、現在でも売られている。タイルのサイズは15㎝×15㎝が基本。（このページは小谷匡宏・記）

マラッカの組み合わせタイル

# マラッカのアールヌーヴォータイル

町を歩き、建築物に貼られているタイルを探すのが大好きな、タイルに目がない私ですが、2009年秋、ふとテレビの中で目に留まったマラッカの街並み、その街並みの中の建物に、マジョリカタイルが貼られているのを見逃しませんでした。それらを見た途端、これは、見に行かなくては！と、咄嗟に思い、翌年には、当時、まだ小学生だった子どもたちを連れ、家族でマレーシアのマラッカ、ペナンへの旅を決行していました。

マラッカへ着くと、翌朝、まだ家族が寝静まっている早朝、早速タイルの捜索を開始しました。その時点では、マジョリカタイルはどこにあるのか？まったく不明でした。しかし、宿泊していたホテルから出て、数歩歩くと、突然マジョリカタイルが目に飛びこんできたのです。

植物文様が美しい曲線を描くアールヌーヴォーデザインの8枚1組で構成された組タイル、間には、濃淡の美しいレリーフタイル、上下には、深いグリーンのタイル、そして床面にはカラフルな象嵌タイルが貼り巡らされ、玄関の扉周りを美しく彩っていました。

そこからは、次々と邸宅の玄関周りに貼られていたタイルを発見！ タイルの組み合わせは、家毎に個性があり、どの家も一つとして同じ組み合わせのデザインはありません。タイルを発見するたび、感動と興奮が抑えられず、夢中でシャッターを切りました。

その通りは、「マラッカの億万長者通り」と呼ばれたヒーレンストリート。かつて貿易などで財をなした富裕層が住む高級住宅地でした。当時、ヨーロッパから輸入されたマジョリカタイルは高級品であったため、富の象徴として、どの家も競って玄関周りを自分好みにデザインしたものだと思われます。
マラッカへはその後、２０１８年にも再訪、ヒーレンストリートの他にもブキッチナ・ストリートやジョンカーストリートの邸宅、邸宅を改装したショップやレストラン、ホテル、そして寺院などでも発見することができました。２０１８年マラッカ再訪時には、シンガポールへも足をのばしました。

マジョリカタイル捜索を開始してすぐに出会ったタイル。植物文様を描く曲線美、鮮やかなグリーンの発色、レリーフタイルの濃淡、そしてポーチに敷かれた象嵌タイルとの組み合わせが最高にエレガント

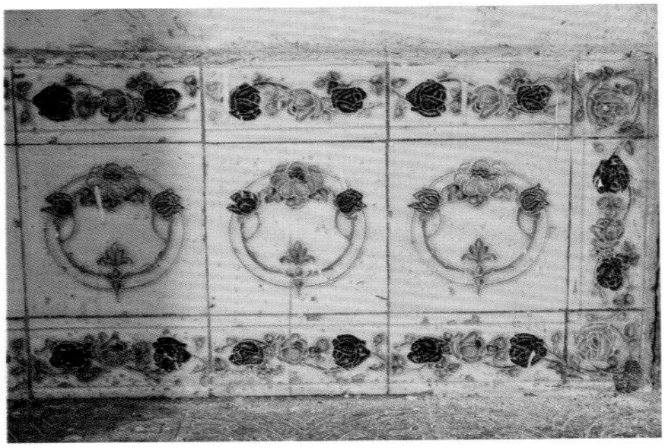

ヒーレンストリートのプラナカンの邸宅に貼られたマジョリカタイル。メインのマジョリカタイルと上下にハーフサイズのマジョリカタイルやボーダータイルが組み合わさり、各家オリジナリティあふれるコーディネイトがみられる

ヒーレンストリート165番には秘伝の手作りカレー粉を売るお家があり、ベルを押すと、おばあちゃんが出てきてくれた
カレー粉を購入した後、中を少し見せていただいたのだが、アールヌーヴォーの手摺が美しい階段と、その階段下にびっしりと貼られていたチューリップがモチーフのマジョリカタイルと驚きの遭遇をした

ヒーレンストリートの邸宅が改装され、カフェとして活用されていた。入口周りと、内部にも、床からの立ち上がりにチューリップがモチーフのマジョリカタイルが貼られていた。2023年現在、閉業

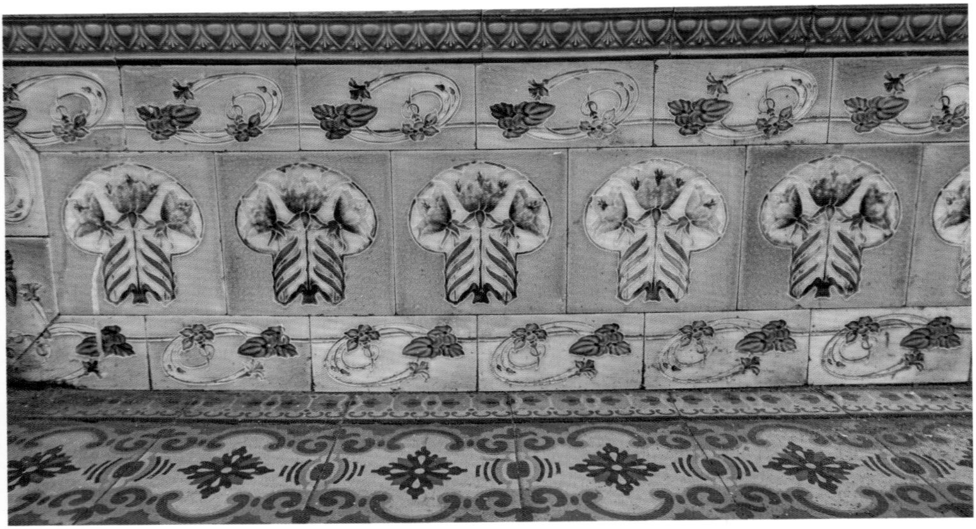

デザインや色合わせ、釉薬の発色の美しさともに、もっとも上品で美しいと感じたお気に入りのコーディネイト

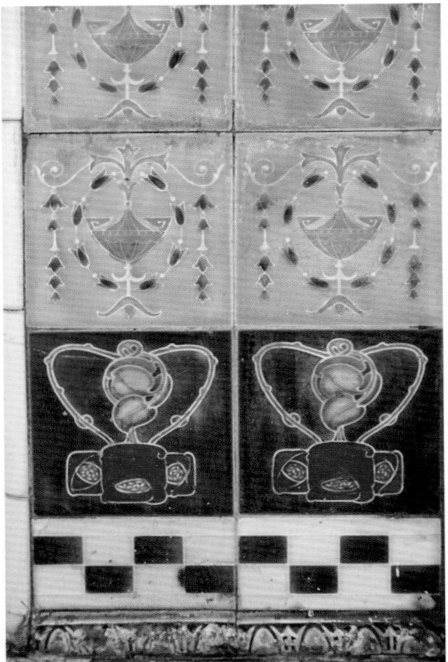

ヒーレンストリートにある邸宅を改装したホテル（ヒーレン・パーム・スイーツ）の中庭には、ふんだんにマジョリカタイルが使用されていた

ブキッチナストリートの邸宅を改装したカフェ（ロカハウスカフェ）の内部に貼られていた。単色だがラインがとても優美なタイル

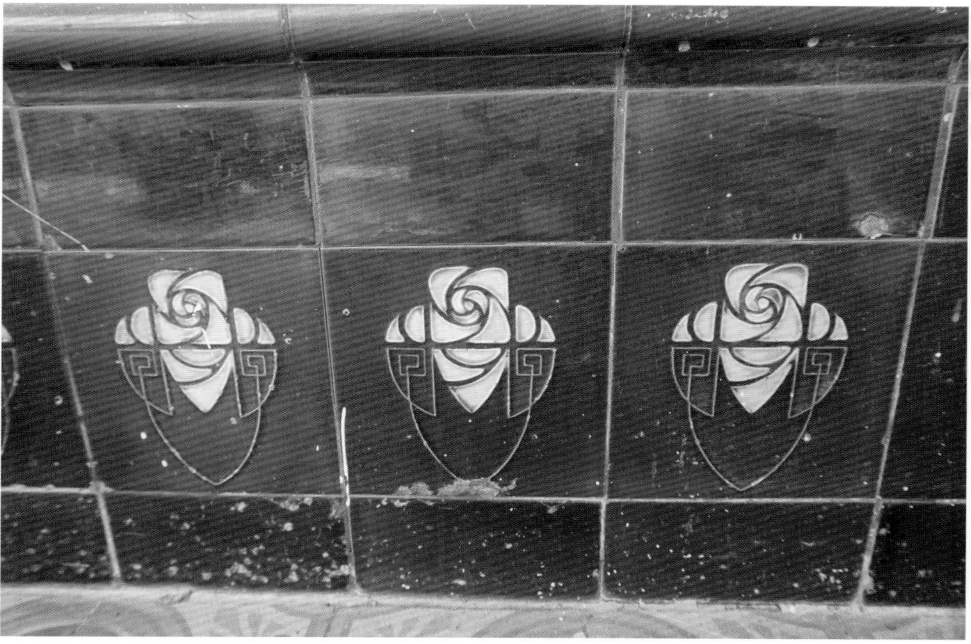

ジョンカーストリートの骨董屋さんの店先に貼られていた薔薇のモチーフのアールデコデザインのタイル

# シンガポールのアールヌーヴォータイル

2018年には、マラッカを再訪すると同時にシンガポールへも訪れました。

シンガポールではまず、タイル研究家であり、コレクターでもあるビクター・リム氏のプラナカンタイルギャラリー、ASTER BY KYRAへ訪問しました。

ギャラリーには、リム氏の2万枚以上のタイルコレクションから、選りすぐりのマジョリカタイルが店内に所狭しと並んでいました。様々なデザインの色とりどりのアールヌーヴォーのタイルが一気に目に飛びこんできて、その美しさ、迫力に圧倒されました。

リム氏にはタイル巡りへも案内していただけました。

近代的な高層ビルが建ち並ぶシンガポールですが、一方では歴史的な街並みも大切に保存されていて、数々の通りにプラナカン様式のショップハウスが残されていました。住宅として、また飲食店やショップ、ホテルなどに改装された建物にはマジョリカタイルが、華やかな彩りを添えていました。

また、シンガポール最大の中国人コミュニティのお墓、ブキッ・ブラウン墓地にも案内していただく機会をいただきました。広大な墓地に点在するお墓のいくつかの墓石や墓碑前の床面には、マジョリカタイルが施され、風雨や湿気など過酷な環境の中でも輝きを放つマジョリカタイルを見つけることができました。

このようにシンガポールには、まだマジョリカタイルを数多く見ることのできるスポットはありますが、建物などの老朽化に伴い、古いタイルが徐々に失われつつあります。

リム氏は、タイルを救出し、保存するとともに復刻タイルの製造も手掛けられ、建物修復の為にそれらが活用されています。

プラナカンタイルギャラリーのマジョリカタイル見本集

マレーと中国、ヨーロッパの文化が融合したプラナカン文化が見られるエリアのひとつカトン地区にあるジョー・チャット通りのプラナカン住宅に貼られていたタイル。ボタンインコとオウムがモチーフのベルギー製

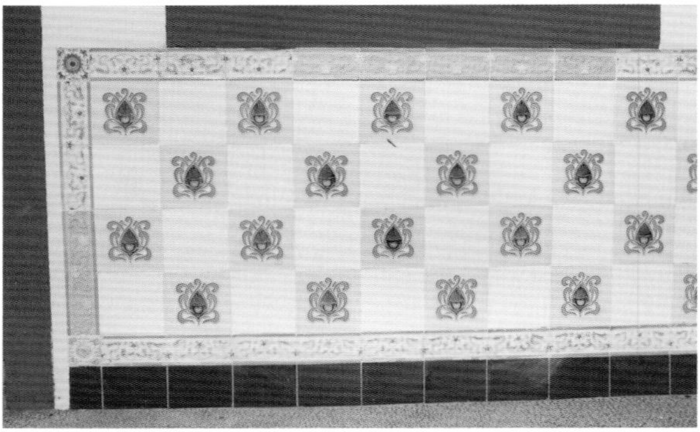

裕福なプラナカン商人の子孫たちのコミュニティがあったというクーン・セン通りには、カラフルなパステルカラーのプラナカン住宅が軒を連ねる。各家の門柱には、家ごとに異なるマジョリカタイルが華やか

シンガポール最古の道教寺院、シアンホッケン寺院には、中国寺院にもかかわらず、ヨーロッパ製のタイルがふんだんに使われている。アールヌーヴォーが優雅なリボンのタイル他、濃淡が美しいレリーフタイル、床には象嵌タイルが貼られている

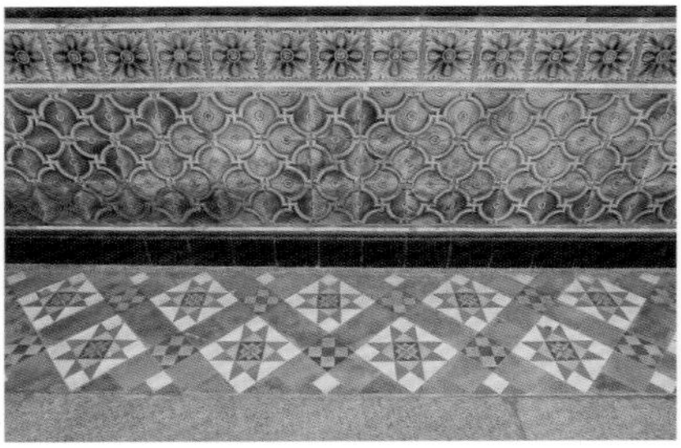

プラナカンタイルギャラリー
ASTER BY KYRA

シンガポールのマジョリカタイルの研究家であり、コレクターでもあるビクター・リム氏のギャラリー
2万枚以上のマジョリカタイルのコレクションの中から、選りすぐりのコレクションが展示、販売されている
アールヌーヴォーのマジョリカタイルは、イギリスやベルギー、ドイツ製のものが多く見られる

三つのチューリップの花がデザインされているタイルは、日本の佐治タイル製のもの。ハーフサイズのタイルやボーダータイルと合わせることで、より華やかに

病院として使用されていた邸宅には、薔薇がモチーフの淡い色彩の可愛いマジョリカタイルが貼られていた。タイルはイギリス製

エバートン通りの邸宅には、向かい合う孔雀、周囲には花綱のタイルが貼られている。右の孔雀は、イギリス製、左は日本製、両脇の花模様のタイルはベルギー製、周囲の花綱タイルは、日本製と複数のメーカーが混じっている

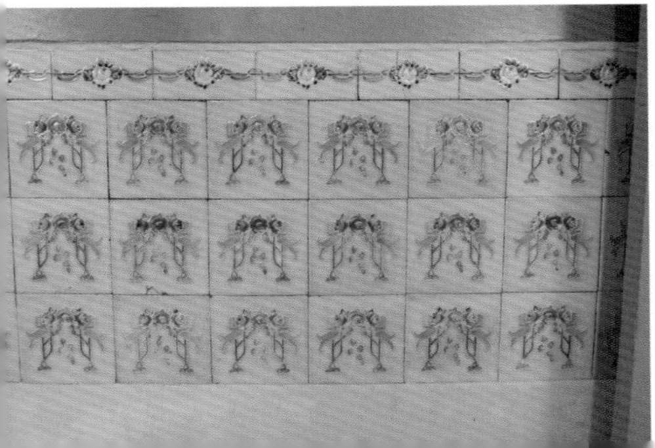
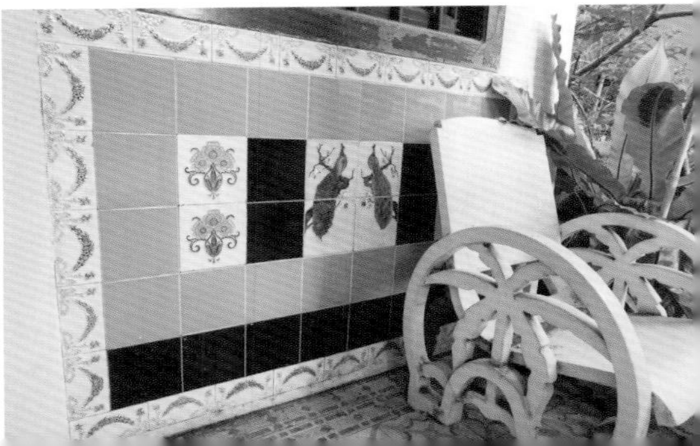

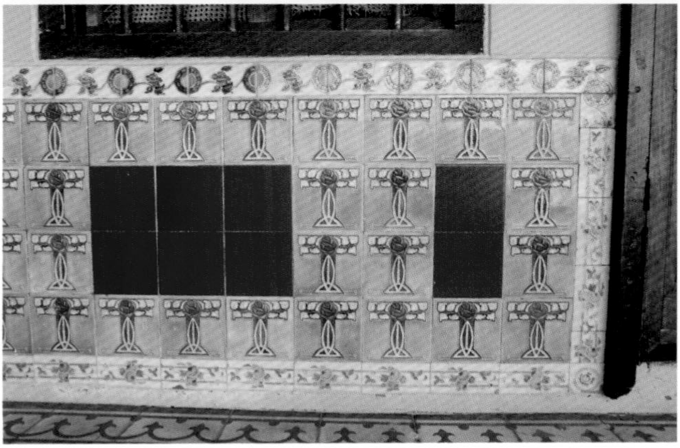

エメラルド・ヒルに並ぶプラナカンの邸宅の中でもひときわ美しい、薔薇をモチーフにしたマジョリカタイル。間に貼られた真紅のタイルも素敵。イギリス製

シンガポール最大の中国人コミュニティの墓地、ブキッ・ブラウン墓地。墓石の一部はマジョリカタイルで美しく彩られていて、アールヌーヴォーデザインのものもちらほら見られる。暑さと湿気に耐えうるタイルは、墓石を装飾する素材としても適している

# オットーワーグナーのマジョリカハウスの外壁タイルの考察

ハンガリーのレヒネル・エデンが工芸美術館や郵便貯金局などで多用した装飾タイルはペーチのジョルナイ工房が発明したエオシン釉によるジョルナイタイルであることは早くから知られている。

これに対しウィーンのオットー・ワーグナーのマジョリカハウスに使われた装飾タイルがどこで焼かれたのかはどこの文献でも見つけることができなかった。

マジョリカハウスというからにはマジョリカタイルだと思われる。しかしマジョリカタイルはイタリアの錫釉の技術がヨーロッパ全域に伝わった19世紀半ば、イギリスにおいてビクトリアンタイルのなかの色鮮やかなシリーズとして誕生し、ミントン社、ウェッジウッド社などが世界各国に輸出したという。

しかし19世紀末においてハプスブルク帝国のウィーンとイギリスの結びつきは考えにくく、ワーグナー建築の装飾タイルは謎であった。

今年（2023年）6月、タイル愛好家の鷹野律子さんに出会い、タイルにより関心を持つようになり、真剣に調べ始めた。多くの文献をあたってみたが、なかなか分からない。ふと思いついたドイツ語で書かれた『未知のユーゲントシュティル・イン・ウィーン』という本のマックス・ファビアーニの項にマジョリカハウスのタイルについて記述があった。それによるとマジョリカハウスのタイルは「アロイス・ルートヴィヒによってデザインされ、ウィーンベルガーのレンガ工場で焼かれた」とある。これで謎が解けた。

イギリスのビクトリアンタイルは大正期の日本にも既製品として輸入されたようだが、ワーグナーのマジョリカハウスは大規模な特注品であり、近くの工場でなければ実現は不可能だったろう。
なおこの有名な集合住宅の施主はオットー・ワーグナー自身で、彼はこのタイプの住宅を

マジョリカハウス　1899　ウィーン

次々と建てるつもりだったようだが、あまりにタイルが高くつき、実現したのは隣のリンケ・ヴィーンツァイレ38の集合住宅と2棟のみだった。

マジョリカハウス　右リンケ・ヴィーンツァイレの住宅　ウィーン

# あとがき

POSTFACE

原稿を書き終わって奇妙な充実感が溢れてくる。それまで邪険にしていた恋人の美しさを発見し、改めて「好きだ」と告白した時のようなそんな感じ。

リガのエイゼンシュタインの建築はリニューアルされて、さらに美しさを増しており、ペークシェン、ラウベ、シェッフェル等の建築は負けず劣らず美しかった。タリンのローゼンバウムもあと2件発見したし、ヴィリニュスにも良いのがあった。オーレスンも再評価できた。若い学生たちの設計といわれるが、ナショナルロマンティシズムの建築群はそのデザイン性において、ベテランの域を超えるものだった。

それらの重厚な建物と西欧的アールヌーヴォーのデザインが共存して、街並の美しさ、楽しさがかもしだされている。

通りに面する建物がほとんどすべてアールヌーヴォー建築であり、少し歩くと広場があり、港があり、丘があり、テイストの違うアールヌーヴォー建築がせめぎあっている。

もう一度行ってみたい街の一つである。

令和5（2023）年　小谷　匡宏

## PROFILE

小谷《おだに》 匡宏《ただひろ》（一級建築士、元高知県および四国バスケットボール協会会長）

昭和20年11月10日　高知県生まれ
昭和39年　土佐高等学校　卒業
昭和44年　芝浦工業大学建築学科　卒業
同年　ASA設計事務所（高知市）入社
昭和49年　小谷匡宏建築設計事務所　設立
昭和55年　同事務所を株式会社小谷設計に改組　代表取締役社長
平成28年　株式会社小谷設計　取締役会長　（現在は介護一筋）

［受賞歴］
昭和59年　第１回高知市都市美デザイン賞（鈴木東グリーンハイツ）
平成２年　第７回高知市都市美デザイン賞（帯屋町一番街アーケード）
平成７年　通商産業省グッドデザイン賞（高知県高岡郡梼原町地域交流施設「雲の上ホテル・レストラン」、隈研吾氏と共同受賞）

［著　書］
『ドキュメント 大二郎の挑戦』（小谷設計、1992年）
『大二郎現象』（小谷設計、1994年）
『土佐の名建築』（共著　高知新聞社、1994年）
『土佐の民家』（共著　高知新聞社、1997年）
『海外遊学紀行』（南の風社、2017年）
『アールヌーヴォーの残照〜世紀末建築・人と作品〜』（三省堂書店、2017）
『ハプスブルク帝国のアールヌーヴォー建築』（リーブル出版、2020）
『一度は見たい幻想建築』（大和書房、2020年）
『失われたアールヌーヴォー建築』（リーブル出版、2021）
『アールヌーヴォー建築 建築家の自邸BEST50』（リーブル出版、2022）

株式会社小谷設計
〒781-5106 高知県高知市介良乙822-2
TEL：088-860-1122　FAX：088-860-5346
携帯：090-1174-9195
E-mail：odanis@mocha.ocn.ne.jp

ギマールのアベス駅の前で　40歳頃の筆者

## 参考文献 REFERENCES


- ART NOUVEAU BUILDINGS IN RIGA
  A GUIDE TO ARCHITECTURE ARTNOUEAE METROPOLIS
  Jānis Krastiņš
- JUGENDSTIL IN DER RIGAER BAUKUNST
  Jānis Krastiņš
- Mikhail EIZENSTEIN
  Master of Riga Art Nouveau SIA "Madris" Riga
- ART NOUVEAU in RiGA
- MUSEUM RIGAER JUGENO-STIL-ZENTRUM
- 図説 北欧の建築遺産 伊藤大介 河出書房新社
- 地球の歩き方「バルトの国々」 ダイヤモンド社
- 地球の歩き方「北欧」 ダイヤモンド社
- 和製マジョリカタイルー憧れの連鎖 LIXIL出版
- Peranakan Tiles SINGAPORE



# バルト三国のアールヌーヴォー建築
## ＋オーレスン

発行日 2024年2月14日 初版第1刷発行
著者 小谷 匡宏
発行人 坂本圭一朗
発行所 リーブル出版
〒780-8040 高知市神田2126-1
TEL 088-837-1250
編集 小谷 匡宏
印刷所 株式会社リーブル




ISBN 978-4-86338-386-9